そのまま使える文例つき！

受注・契約・トラブル対応が
まるっとわかる

クラウドワーカーの

強化書

JN007325

弁護士 谷 直樹 著

日本法令

はしがき

　イラストレーター、デザイナー、音楽クリエイター、ライター、Web エンジニアなど、様々な職種で企業や組織に縛られることなく仕事をする人が増えています。いわゆるフリーランスと呼ばれる働き方です。近年では、手軽にクライアントとマッチングできる「クラウドソーシングサービス」の発展により、フリーランスの専門職だけではなく、副業としての利用も進み、自由度の高い働き方が浸透しつつあります。本書では、このような業務形態を「クラウドソーシング」といい、サービスの利用者であり労働者を「クラウドワーカー（省略して「ワーカー」ともいいます）」と呼ぶことにします。

　自由度が高いということは、仕事を発注する側にとっても受注する側にとってもハードルが低いということであり、リスクが伴います。クライアントとのやりとりはインターネット上のメッセージだけということも多く、顔の見えない相手と円滑にコミュニケーションをとって仕事を進めていくことには、特有の難しさがあります。手軽に仕事を受注できるため、依頼内容や仕様をきちんと詰めずに見切り発車的にプロジェクトを開始した結果、後からトラブルが起こってしまうこともあります。企業や組織などの後ろ盾なく仕事をしていくためには、自らの利益を守り、リスクを最小化するための法的知識が大切です。

　本書では、インターネットを通して案件を受注するクラウドワーカーがプロジェクトを滞りなく進め、クライアントと円滑なコミュニケーションをとりつつ自己のビジネス上の利益を守るために役立つ法律の知識を解説しています。特に、メッセージ機能やチャットでのやりとりが多くなるというクラウドソーシングの特殊性を踏まえ、法律

の専門家ではないデザイナーやクリエイターといった人々がそのまま使うことのできる文例を豊富に掲載しています。

　著者は企業法務と知的財産を主に取り扱う弁護士ですが、自身も複数のクラウドソーシングサイトに登録し、そこから継続的に仕事を受注していますし、逆にそうしたサイトを利用してデザイン制作などを発注した経験もあります。法律の専門家としてサイトを利用する中で、「受注のときはこういうところに注意したほうがよい」、「プロフィールにこういう書き方をすれば法的リスクを下げられる」など、多くの気づきを得ました。本書にはそうした経験に根差したノウハウや知見が盛り込まれています。

　クラウドワーカーとして現在活躍中の人にとっても、あるいはこれから新たにそうした働き方を始めようとしている人にとっても、はたまた本業とは別に副業感覚でクラウドソーシングをしてみようと思っている人にとっても、本書は役に立つ1冊となるでしょう。

　本書では、クラウドソーシングで依頼されるタスクのうち、以下の4つのカテゴリを想定して執筆しています。

　🎨　イラスト・ロゴ・デザイン　など
　♪　音声収録・ナレーション・作曲　など
　🖊　ライティング・翻訳・記事執筆・キャッチコピー　など
　💻　プログラミング・ソフトウェア開発・Webサイト制作　など
　※　動画制作・編集などは、「イラスト・ロゴ・デザイン」と「音声収録・ナレーション・作曲」を合わせて参照してください

もくじ

第1章

クラウドソーシングサイトの
基本ルール

　いきなりですがこんな場面を想像してみてください。

　あなたは企業のロゴイメージの制作を専門とするデザイナーで、クラウドソーシングサイトに登録しています。

1　企業ロゴのデザイン作成業務を受注

2　クライアントとメッセージでやりとりして依頼内容を確認

3　ロゴを作成して納品

4　クライアントが許可なくコンペに提出していたと発覚

ロゴの本当の作者であるあなたは、クライアントに対して何か主張することはできるでしょうか?

　弁護士である著者がワーカーからこのような相談を受けた場合、腕組みをして考えるより先にしなければならないことがあります。それはワーカーとクライアントに適用されるルールの確認です。

クラウドソーシングサービスを提供するサイトには、必ず「利用規約」が設けられています。利用規約はサイトに登録するワーカーのほか、仕事を発注するクライアントも遵守する必要があります。利用規約は運営会社が独自に定めるものなので、細部は各サイトごとに異なります。そのため、ワーカーは自分が登録するサイト利用規約をよく確認しておくことが大切です。

　とはいえ、利用規約にきちんと目を通したことがあるワーカーはどのくらいいるでしょうか。利用規約はサイトのトップ画面の一番下などにあるリンクから見られるようになっていますが、目立たないので存在に気づかない人のほうが多いでしょう。また、小さな文字でびっしりと法律の条文のように書かれていますから、読む気も失せるというものです。

　しかし、サイトに登録する際には必ずこの利用規約に同意することになっています。たとえ中身を読んでいなかったとしても、利用規約には従わなければなりません。ルールを知らずに時間や労力を投入して仕事を行うのは大きなリスクです。

　そこでこの章では、利用規約で定められていることが多く、各サイトで類似・共通するルールの内容を解説していきます。
　なお、サイトによっては異なるルールが定められていることもあるのでご注意ください。また、いずれのサイトも利用規約は必要に応じて随時変更・改訂されることになっています。クライアントとのトラブル時など利用規約が問題となる場合は、必ずその時点の内容を確認するようにしてください。
※　本書は、2023 年 2 月時点の利用規約の内容に基づきます。

I　利用規約の位置づけ

　まず、そもそも利用規約が法的にどのように位置づけられるものなのか簡単に触れておきます。利用規約とは「サービスの利用者に対して適用される契約条件をサービス提供者である企業があらかじめ文章の形でまとめてルール化したもの」です。

　クラウドソーシングサイトのアカウント登録や入会手続の際に「利用規約に同意する」という文章にチェックを入れた覚えはありませんか。法律上、あのときに利用者として利用規約に書かれたルールに従うという合意をしたことになります。

　民法上、利用規約は「定型約款」というカテゴリに当てはまります。定型約款の特徴として、不合理な内容でなければ企業側は一方的に変更・修正ができる点に注意が必要です。クラウドソーシングサービスを提供する会社は必要に応じて利用規約を変更していますから、変更の通知があったときは内容をチェックしておくことが大切です。

　なお、利用規約を1つだけ設けて運営しているサイトもありますが、クライアントとワーカーで分けたり、業務内容のカテゴリに応じて複数の利用規約を設けているところもあります。そういったサイトを利用する際は、自分の利用状況に当てはまる規約の内容を確認する必要があります。利用規約をわかりやすくまとめたガイドラインを公表しているところも多いのでチェックしてみるとよいでしょう。

Ⅱ　登録条件

　クラウドソーシングサイトにワーカーとして会員登録するための条件（登録条件）も利用規約に書かれています。登録条件は各社で概ね共通しており、連絡用の電子メールアドレスの保有や反社会的勢力に属していないことなど、聞けば「それはその通りだな」と思うものがほとんどです。

　会社ごとに若干ルールが異なるものとして、**年齢に関する条件**があります。具体的には 18 歳未満の場合は一律に登録を不可とするものと、18 歳未満であっても親権者の同意があれば可とするものがあります。

　また、「**自分の所属する企業や団体の規則に違反した行為を行っていない**」ということを登録条件としているサイトもあります。これは**副業や兼業が禁止されている企業や団体に勤めているワーカーによる会員登録を拒否するためのルール**と考えられます。登録条件にこうしたルールがない場合であっても、禁止事項（☞ P.24）として「副業・兼業禁止に抵触してはいけない」というルールを課しているサイトが多いようです。

　副業・兼業禁止に違反してクラウドワーカーとして働いたことが本業の会社や団体に発覚すると、就業規則に照らして懲戒を受ける可能性がありますし、クラウドソーシングサイトとの関係でも規約違反の責任を問われる可能性があるため控えましょう。

Ⅲ　サービス利用者と運営会社の関係

　利用規約では、サービスの利用者と運営会社の関係についてもルールが決められています。ここでいう「サービス利用者」とは、クラウドソーシングサイトに登録して仕事を行うワーカーと仕事を発注するクライアント双方を指します。

　多くのサイトでは、仕事の受発注に関する契約関係はワーカーとクライアントの間で成立するというルールを採用しています。つまり、**運営会社は少なくとも仕事に関しては、ワーカーともクライアントとも直接の契約関係に立たない**ということです。ただし、運営会社はクライアントからワーカーに対する報酬の支払いを仲介するという形で関与します（☞ P.9）。

　運営会社がサイト上で行われる個々の仕事について契約関係に立たないということは、**クライアントとの取引の結果は基本的にワーカーの「自己責任」になる**ということを意味します。

　もちろん、サイト上で行われる取引でトラブルが起きたとき、運営会社はある程度問題解決や苦情処理のために動いてくれますが、ワーカーとクライアントの間で意見の折合いがつかない場合は、その紛争から手を引くことになるでしょう。

　その場合、ワーカーが運営会社に対して責任を追及することは基本的に難しいと覚えておきましょう。なぜかというと、多くのクラウドソーシングサービスでは「ワーカーとクライアントとの間で生じた問

題や損害について運営会社は免責される」というルールが設けられて
いるからです。

　したがって、クライアントとの話合いがこじれてしまうと、ワーカー
はサービス外で直接クライアントに対して未払料金の支払いを請求し
たり、損害賠償などの責任追及を行わなければならなくなったりしま
す。

IV　取引の種類

　各クラウドソーシングサイトでは、様々な取引の類型が設けられています。代表的なものとして以下のような取引類型があります。なお、下記の分類や名称は概略であり、サイトごとに異なる点にご注意ください。

主な取引の類型

- **プロジェクト方式**
  クライアントが特定のワーカーに対して仕事を発注する方式
- **コンペ方式**
  クライアントがサイト上で公募している案件に対して、ワーカーが応募した作品の中から1点ないし数点をクライアントが選んで採用する方式
- **タスク方式**
  データ入力やアンケート回答など、一定の作業をこなした件数に応じて報酬が支払われる方式
- **タイムチャージ方式**
  クライアントが依頼する特定の業務にワーカーが従事した時間数に応じて報酬が算定される方式
- **コンテンツ購入方式**
  ワーカーが出品するサービスをクライアントが選んで購入する方式

Ⅴ　報酬の支払い

　クライアントからワーカーに対してどのような手続き・タイミングで報酬が支払われるかはサイトによって異なりますし、上記の取引の種類によっても異なるルールが定められています。

　もっとも、主要なクラウドソーシングサイトでは共通点が多いのも事実です。ここでは一例として、CrowdWorks の利用規約で定められた報酬の支払手順を見てみましょう。

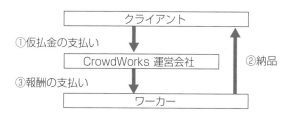

　このように CrowdWorks では、クライアントが事前にワーカーに対する報酬を「仮払金」として CrowdWorks 運営会社に預け、仕事の完成・納品後に CrowdWorks のシステム利用手数料を差し引いた金額がワーカーに対して支払われるのが基本的な仕組みとなっています。

　ただし、クライアントの仮払金について、一定の場合にはワーカーに支払われず、クライアントに返金されることになっています。これは報酬を受け取る側であるワーカーにとっては重要なルールです。
　CrowdWorks を例に、特に注意すべき、（1）～（4）の場合について紹介します。

（1）　業務の完了前に、クライアント（またはワーカー）が業務の中断・停止の意思表示を行った場合

| クライアントから業務を中断・停止したいと連絡 | ワーカーが1週間以内に承諾または不承諾の意思表示を行わなかった | クライアントに仮払金が返金 |

キャンセルに応じられない場合は、必ずその旨をクライアントに伝える必要があります。

（2）　ワーカー（またはクライアント）が、契約上の義務の履行を遅滞した場合

| ワーカーが、契約上の義務の履行を遅滞 | クライアントまたはCrowdWorks運営会社がその履行を催告 | 催告後、1週間以内にこの義務を履行しない | クライアントに仮払金が返金 |

作業の遅れが発生した場合は、クライアントと対応を協議するかたちに持ち込み、ワーカーだけの問題にしないことが重要です（☞P.142）。

（3）　CrowdWorks 運営会社がワーカーとクライアントの双方に確認し、契約に沿った業務が行われたかについて当事者間の認識に争いがあると判明した場合

| クライアントから、契約に沿った業務ではないとCrowdWorks運営会社に報告 | CrowdWorks運営会社が双方に確認 | CrowdWorks運営会社が、当事者間の認識に争いがあると判断 | クライアントに仮払金が返金 |

主に成果物にクレームがついた場合の規定です。この場合、運営会社がワーカーとクライアントの双方に対して、成果物が仕様通りかを確認することになっています。両者の間に認識のズレがあると判断さ

れると、仮払金はクライアントに返金されてしまいます。

　仮払金がクライアントに返金されたとしても、ワーカーは仕様通り
の成果物であると主張し、クライアントに代金の支払いを求められる
はずですが、少なくとも運営会社は代金の支払手続から手を引いてい
るので、ワーカーが直接クライアントに対して内容証明郵便を送った
り裁判を起こしたりして、代金の回収を図らなければならなくなる可
能性があります。これは大きなリスクなので、頭に入れておくべきで
しょう。

（4）　取引成立後、クライアント（またはワーカー）に対して1週間以上連絡がとれない状態が継続した場合

| 取引成立後にワーカーからクライアントに連絡 | 1週間経過しても、連絡がとれない | クライアントに仮払金が返金 |

　クライアントとの連絡が途絶えた場合、そのまま業務を進めても代
金の支払いを受けられないリスクが出てくるということです。

　このような場合に備えて、ワーカーの側もクライアントと連絡が取
れるようになるまで業務を一時中断できるといった取決めをクライア
ントと結んでおくとよいでしょう。クライアントと契約を結ぶ際の取決
めは、文例を含めて第3章で解説しています（☞ P.77）。

　以上はCrowdWorksにおけるルールの概要ですが、同様の仕組みを
設けるサイトは多いです。

　多くのサイトに当てはまる支払いのポイントをまとめると次の通り
です。

報酬の支払いのポイント

● 運営会社はクライアントから報酬の仮払金を預かり、業務が完遂（納品完了）されたタイミングでワーカーに支払いを行う

【報酬の支払いがなされない可能性がある場合】

● ワーカー・クライアントいずれかから業務中止の申し出があり、これに対して一定期間返答を行わず、契約キャンセルとなった場合

● 納期を守れなかったり、クライアントから納品を督促された後に一定期間が経過したりして、契約キャンセルとなった場合

● 納品した成果物の品質や内容についてワーカーとクライアントとの間で意見の対立が続いた場合

● ワーカーとクライアントの間で連絡がとれない状態が一定期間続き、契約キャンセルとなった場合

なお、サービスによってはワーカー側またはクライアント側からのキャンセルの申し出が制限されているものもありますし、連絡が途絶えた場合にキャンセル扱いとなる日数にも細かな差異があります。

また、通信料が発生する業務など内容によっては仮払いの制度を設けずに後払い方式を採用したり、料金の支払いに運営会社側が関与せず当事者の話合いに委ねたりしているサイトなどもあります。

そうしたサイトでは運営会社に料金の支払いを仲介・保証してもらうことができないため、クライアントの信頼性（＝きちんと料金を支払ってくれるかどうか）を見極める必要があるでしょう（☞P.47）。

Ⅵ　知的財産権の取扱い

　クラウドワーカーがクライアントの依頼を受けて制作した成果物については、種々の知的財産権が発生する場合があります。最も一般的なのは著作権です。

そもそも著作権とは？

表現物を独占的に使用することができる権利のことをいいます。

知的財産権の対象となるのは？

文章 / デザイン / 音楽 / プログラム・ソフトウェア（※）　など。

※　ソースコードの書き方にプログラマーの個性があらわれている限り、著作権が発生します

　クラウドワーカーとして依頼を受けるにあたっては、成果物の知的財産権（とりわけ著作権）の処理をどうするかということをきちんと考えておく必要があります。

　ここでは以下の3つに注目して解説していきます。

知的財産権の取扱いのポイント

（1）　成果物の知的財産権の帰属

　　　（ワーカーとクライアントのどちらに帰属するか）

（2）　著作者人格権の取扱い

（3）　他人の著作物を使用する際の注意点

（1）　成果物の知的財産権の帰属

　知的財産権の帰属に関してはサイトによって異なるルールが定められているため注意が必要です。大多数のサイトでは、主として次の3つのパターンのルールのうちいずれかが採用されています。

①　成果物の知的財産権は原則としてワーカーが保持するルール

②　成果物の知的財産権は原則としてクライアントに譲渡されるルール

③　成果物の使用に関してワーカーがクライアントに許諾を行うとするルール

①　成果物の知的財産権を原則としてワーカーが保持するルール

　成果物を制作したワーカーが知的財産権を保持し続けるというものです。言い換えると、クライアントがワーカーに仕事の報酬を支払ったとしても、当然には知的財産権がクライアントに移転されることはないというのがこのルールです。

> ワーカーがクライアントに対して納品した成果物に関する著作権等の知的財産権（著作権法第27条及び第28条の権利を含みます。）は、**本取引によって譲渡**がなされない限り、作成した会員自身に帰属するものとします。なお、本取引の中において別途取決めがある場合は、同取決めが優先されるものとします。（CrowdWorks利用規約17条1項）

　たとえば、この規約に則ってイラスト制作を請け負った場合、クライアントとの間で特に取決めを行わなかったとすると、完成したイラストの著作権はワーカーに帰属したままということです。

　もちろん、当事者間で「この契約に基づいて制作したイラストの著作権はワーカーからクライアントに譲渡される」という取決めをした場合、それは有効です。このことは上記の CrowdWorks の利用規約でも「なお、本取引の中において別途取決めがある場合は、同取決めが優先されるものとします」と定められていることからわかるでしょう。

　もっとも、「著作権をクライアントに譲渡する」という取決めを行わなかった場合にクライアントが成果物を一切利用できないかというとそんなことはありません。

例　「Twitter のアイコンに使うイラスト」を依頼した場合の
　　クライアントによる成果物の使用の可否

クライアントが Twitter のアイコン（＝契約で同意した用途）にイラストを使用	クライアントが Facebook のアイコン（＝契約で同意していない用途）にイラストを使用

　このように上記①のルールは、知的財産権に関して**ワーカー側にかなり有利**であると評価できるでしょう。

　このルールを前提として、クライアントが著作権の買取りを求める場合にはオプション料金を請求することも考えられます（☞ P.89）。

②　成果物の知的財産権が原則としてクライアントに譲渡される　ルール

　①と正反対のルールを定めたのが②です。これはワーカーとクライアントの間で特に取決めを行わなかったとしても成果物の知的財産権がワーカーからクライアントに譲渡されます。

②のルールを適用する場合の利用規約は以下の通りです。

（●）　プロジェクト方式、及びスキル販売の場合

（中略）

●．納品された成果物に関する知的財産権その他一切の権利（所有権・著作権法第27条及び同法第28条に定める権利を含む）は、前項の採用確定・検収完了時に、ワーカーからクライアントに移転譲渡されるものとします。その**権利譲渡の対価は、ワーカーがクライアントから受け取る報酬に含まれるもの**とします。

（後略）　　　　　　　　　　　　　（X社利用規約より一部抜粋、修正）

こういったルールが採用されているクラウドソーシングサイトの場合、成果物の検収が完了された段階で著作権を含むすべての権利が当然にワーカーからクライアントに譲渡されることになります。

「権利譲渡の対価は、ワーカーがクライアントから受け取る報酬に含まれる」との一文も入っていますから、ワーカーからクライアントに対して「著作権譲渡の対価を払ってほしい」と求めることもできません。先程挙げた①のルールと比較すると、**②はクライアント側に手厚い**ルールといえるでしょう。

もちろん、利用規約で定められているのは一種のデフォルト・ルールであり、ワーカーとクライアントの間で別段の合意をすることは否定されません。そのため、自身の制作した成果物について著作権等の知的財産権をクライアントに移転せずに残しておくという契約にすることは可能です。

　しかし、重要なのはクライアントとの間で「著作権は移転しない」という取決めをしておかないと、利用規約のルールに従って**自動的に著作権はクライアントのもの**になってしまうという点です。

　この場合、いくら制作したのが自分だったとしても、権利がクライアントに移ってしまっている以上、その著作物を実績としてネット上で公開したり、それを一部改変して利用・掲載したりすることはできません。これらをしてしまうと著作権を有しているクライアントから権利侵害として差止めや損害賠償を求められてしまいます。

　いずれにしても、②のようなルールを置いているサイトで仕事を引き受ける場合には、①の場合以上に著作権の帰属や譲渡についてクライアントときちんと話し合って合意しておく必要性が高いということがわかるでしょう（☞ P.80）。

③　成果物の使用に関してワーカーがクライアントに許諾を行うとするルール

　①と②の中間的なルールと位置付けられるのが③のルールです。

> ワーカーは、クライアントに対し、ワーカー著作物等につき、クライアントの使用のために、**自由に利用**（複製、複写、改変、第三者への再許諾その他のあらゆる利用を含みます。）することのできる権利を許諾するものとします。　　　　　　　　　　（Y社利用規約より一部修正）

　こうしたルールが採用されているサイトで仕事を請け負った場合、ワーカーからクライアントに対して成果物の著作権等の知的財産権は

譲渡されないというのが基本です。つまり、ワーカーは成果物をクライアントに納品して代金の支払いを受けたとしても変わらず著作権者であり続けます。この点は①のルールと同様です。

　一方、③のルールでは、成果物の知的財産権について、ワーカーはクライアントに対して自由に利用することのできる権利を許諾するとされています。これはどういうことかというと、**成果物の著作権等についてワーカーに権利自体は帰属させつつ、クライアントの自由利用を許可する**というものです。この許可のことを知的財産権に関する用語では「ライセンス」と呼びます。

　つまり、③のルールを採用するサイトでは、クライアントに対して成果物を自由利用できるライセンスが付与され、クライアントは納品された成果物を基本的にどう使ってもよいということになるのです。

　ここで重要なのはクライアントにより利用可能とされる範囲はクラウドソーシングサイトによって異なる可能性があるということです。

　たとえば、先程挙げた利用規約の場合、「複製、複写、改変、第三者への再許諾その他のあらゆる利用を含みます」とあり、その利用範囲はかなり広いことに注意が必要です。特に重要なのは「改変」と「第三者への再許諾」も可能とされている点です。

　「改変」ができるということは、クライアントは納品された成果物（たとえばロゴデザイン）に手を加えて別の作品を作ることができるということです。しかもクライアントには「第三者への再許諾」の権利もあるので、納品された成果物やそれを改変したものを第三者に使用させることも可能です。

　ただし、先程挙げた条文と合わせて次のような規定が入っている場合には少し話が変わってきます。

> クライアントは、ワーカーがサービスの説明やサービスの提供過程において明示的に指定した場合を除き、**自ら使用するために**のみ、ワーカー著作物等を利用（複製、複写、改変、第三者への再許諾その他のあらゆる利用を含みます。）できるものとします。また、クライアントが、自らが提供を受けたサービスを、転売目的のために購入し、譲渡する行為は禁止します。　　　　　　　　　　（Y社利用規約より一部修正）

　この規定では成果物の利用範囲について「自ら使用するためにのみ」という限定が設けられていますから、納品された成果物を他人のビジネスのために使用させるということはできません。また転売目的でのサービス購入（＝発注）も禁止されています。

　こうしたルールが併記されているサイトの場合、「第三者への再許諾」が認められていても、実際にそれが可能なのは、クライアントが自社のビジネスの宣伝広告の運用を第三者に委託して行わせる場合において、ロゴをその第三者に使わせる、といったケースに限られると思われます。

（2）　著作者人格権の取扱い

> **そもそも著作者人格権とは？**
>
> 　著作者（＝ 著作物を制作した作者）の人格的利益を保護するための権利で、以下の3つの権利が含まれます。
>
> | | | |
> |---|---|---|
> | | 公　表　権 | 未発表の作品を発表・公表するかどうかを決めることのできる権利 |
> | 著作者人格権 | 氏名表示権 | 作品に作者の名前を表示することのできる権利 |
> | | 同一性保持権 | 作品に対して意に反した改変をされることを禁止することのできる権利 |

著作者人格権の扱いについても規定しているサイトが多いです。

ワーカーは、本取引によって知的財産権をクライアントに譲渡した成果物につき、クライアント又はクライアントの取引先に対し、**著作者人格権を行使しないものとします。**　（CrowdWorks 利用規約 17 条 3 項）

　ワーカーからクライアントに対して知的財産権（特にこの場合は著作権）が譲渡される契約になっている場合、**ワーカーはクライアントやその取引先に対して、著作者人格権を行使できない**というのがこの規定の意味するところです。

　逆に、「著作権をクライアントに譲渡するが著作者人格権は行使できるようにしておきたい」場合にはクライアントとの間でその旨を合意しておく必要がある点に注意しましょう。

　なお、著作者人格権の扱いについて利用規約では明文化されていないケースも見られます。この場合、ワーカーがクライアントに「著作者人格権は行使しません」と約束しない限りは、たとえ著作権を譲渡したとしても著作者人格権を行使し続けることができるはずです。

　具体的には、成果物の利用・掲載の際に作者である自分の名前をクレジット表記するよう求めたり、クライアントが成果物に改変を加えた場合には差止めや損害賠償を求めることが可能だと考えられます。

　もっとも、ルールが明文化されていない場合はクライアントとの間で認識の食い違いが起こる可能性もあるため、受注時に取決めをするか、ワーカーのプロフィール欄等に明記しておくほうがよいでしょう。

（3）　他人の著作物を使用する際の注意点

　以上はもっぱらワーカーが制作する成果物自体の知的財産権の問題ですが、これとは別に「**成果物の制作のために他人の著作物を使用する**」というケースも想定されます。

　たとえば、デザイン制作の業務で写真素材などを利用する場合です。こうした素材はそれ自体が著作物であり、その素材を作った第三者に著作権があります。

　多くのサービスでは、仕事の制作過程で他人の著作物を利用する場合、その**著作権者からワーカーが許可を得なければいけない**というルールが設けられています。

第三者の保有する知的財産権を成果物に利用する場合、ワーカーは当該第三者の事前の許可を得るものとし、**クライアントに対して第三者の権利侵害をしていないことを保証する**ものとします。ワーカーが当該保証に反していることが明らかになった場合、**ワーカーはクライアントに対して損害賠償その他の責任を負う**ものとし、会員間で直接協議及び解決をするものとします。　　　　（CrowdWorks 利用規約 17 条2項）

　こうしたルールがあると「クライアントに対して第三者の権利を侵害してないことを保証した」ことになるので、万一、後になってクライアントが第三者から権利侵害であると言われた場合、ワーカーはクライアントに損害賠償をする必要が出てきます。

　ワーカーとしては、使用する素材についても自作するか、きちんと権利処理がされたものを購入するか、もしくは確実に著作権フリーといえる素材を探してきて使わなければならないということです。

　したがって、有料の素材の使用が必要になる場合は、見積りの際にその代金をきちんと計上するか、または素材の代金を報酬額に折り込んで見積りを出しておく必要があるでしょう。

VII　秘密情報の取扱い

多くのサイトで、ワーカー・クライアント双方、または少なくともワーカーに対して、次のような条文で秘密保持義務を課しています。

> 会員は、本サービスを通じて会員間で連絡を取り合う場合、相手方から開示された相手方の技術、開発、製品、営業、計画、ノウハウなどに関する一切の情報について、これを秘密情報として保持し、事前に当該相手方の書面による承諾を得ることなく、第三者への開示又は漏洩をしてはならず、また、本サービスの利用及び本サービスに基づき成立した💡業務委託契約の履行の目的以外で使用しないものとします。
>
> （CrowdWorks 利用規約 20 条 1 項）

データ入力の仕事など、仕事の種類によってはクライアントの財務、人事、取引先等の情報に接する機会があります。このようなルールにより、ワーカーは仕事の過程で知り得た情報を外部に開示・漏洩してはいけない秘密保持義務（守秘義務ともいいます）を課されます。

💡「業務委託契約の履行の目的以外で使用」の禁止

多くのサイトでは目的外使用についても禁止されています。そのため、クライアントから開示された取引先の情報を利用し、自分のビジネスの営業活動を行うといった行為もルール違反になります。

なお、クライアントから別途「秘密保持契約書」の締結をワーカーに求めることが可能なサイトもあります。この場合、利用規約に加え、秘密保持契約書の内容によって規律されることになります。

Ⅷ　禁止行為

　利用規約では利用者が行ってはならない禁止行為がルール化されており、禁止行為に抵触した場合には登録抹消や運営会社からの損害賠償請求などを受ける可能性があります。

　たとえば、運営会社や他の利用者などの知的財産権、財産、名誉などを侵害する行為のほか、運営会社や第三者になりすます行為、ハッキング行為などは、どのサイトでも禁止されています

　このような常識的に考えて禁止されるだろう行為以外で、ワーカー側が特に注意すべき禁止事項について解説しておきましょう。

（1）　多くのサービスで依頼・受注が禁止されている特定の業務

　依頼や受注が禁止されている特定の業務が定められているケースがあります。たとえば、次のような業務は利用規約により禁止行為とされているケースが多いです。

通販サイト等の口コミやレビューを書くことを依頼する行為

販売数の水増し目的等でサービスの登録、商品の購入を依頼する行為

オークションサイトやフリマサイト等で代理出品・代理購入を依頼する行為

業務の内容に照らして著しく低い報酬額で依頼する/引き受ける行為	所属する団体や企業の規則やルールに抵触する行為（副業・兼業禁止に該当する行為など）

　このように利用規約で禁止されている業務を受注してしまった場合の対応については、第5章を参照してください（☞ P.133）。

（2）　複数アカウントの登録

　一人の利用者が複数のメールアドレスを使って重複して会員登録を行うことが禁止されている場合があります。複数アカウント（いわゆる複アカ）の禁止です。複数アカウントの登録はサイトによっては許容されていることもありますが、利用規約で禁止されているサイトもあるため注意しましょう。

　利用規約の禁止事項はワーカーが遵守しなければならないルールであると同時に、クライアントにとっても遵守しなければならないルールでもあります。

　たとえば、業務内容に照らして報酬額が著しく低い仕事を引き受ける行為を禁止するルールは、不当に安い金額で仕事をさせようとするクライアントからワーカーを守る機能もあります。取引が成立した後に色々と追加注文をつけて、しかもそれを無償でやらせようとしてくるクライアントに対しては、このような規約を根拠に使って拒否したり、あるいは運営会社に通報して対応を求めることもあり得ます。

　なお、禁止行為は利用規約に定められているほか、クラウドソーシングサービスによってはガイドラインや細則、Ｑ＆Ａといった形で具体化・明確化されていることもあります。そのため、オファーされた仕事について引き受けてよいものか迷うケースでは運営会社が公開しているガイドライン等をチェックしてみるとよいでしょう。

Ⅸ　違約金

　利用規約には違約金に関する規定が置かれていることもあります。かなり高額なものが設定されていることもあるので、ワーカーとしては十分注意する必要があります。

そもそも違約金とは?

　規約違反・契約違反があった場合に実損額とは関係なく一定の金額を支払わせるという取り決めのことです。ルール違反に対する一種の罰金という見方をすると理解しやすいでしょう。

（前略）

●. クライアントとワーカーは、本件サイトまたは本件サービスとは無関係に既に取引関係にあった場合、その他本件サービスとは無関係に面識等をもつに至ったことを証明できる場合を除き、本件サイトを通じることなく直接取引を行うことはできないものとします。なお、当該義務は、クライアントやワーカーが会員登録の終了または会員資格を喪失してから5年間存続するものとします。

●. 前項に反してクライアントとワーカーとの間で直接仕事に関する契約を締結した場合は、当該契約における報酬の30%に相当する額（その額が100万円に満たない場合は100万円）を違約金として当社に対して支払う義務が発生するものとし、クライアントとワーカーは連帯して当該違約金を支払うものとします。

（X社利用規約より一部抜粋、修正）

♡サイトを介さない直接取引は違約金の対象

これはすなわち、クラウドソーシングサイトによって知り合ったワーカーとクライアントがそのサイト外で直接取引を行ったり、サイトを通さずに報酬のやりとりを行った場合に違約金を支払わせるというルールです。

クラウドソーシングサービスの運営会社は、サイトを介した取引によって支払われる報酬に対して手数料を受け取ることで経営を行っているため、自社サイトを通さずにワーカーとクライアントに取引をされてしまうのは死活問題となります。そのため利用規約で直接の取引や報酬の授受に対する一種の罰金として違約金のルールを設けているのです。

♡退会後も直接取引禁止の期間を設けているサービスもあり

特に注意が必要なのは、上記の利用規約のように、多くのサイトで現に会員登録中のワーカー・クライアント間の直接取引だけでなく、**退会後も一定期間は直接取引を禁止**しているという点です。

上記の例として挙げた条文では「会員資格喪失後5年間」は直接取引が禁止されており、同様の規定をとるサイトも多いです。また、利用規約上、退会後の直接取引について特に期間を設けずに禁止としている例もあります。こうした規約に抵触した場合は退会後であっても違約金が発生する可能性があります。

💡違約金は 100 万円

　違約金の額は 100 万円を最低金額として定めているところが多いようです。「最高金額」ではなく「最低金額」ですから、直接取引禁止のルールに違反してしまった場合、利用規約上は運営会社から常に最低 100 万円の違約金支払を求められるリスクがあるということです。

　このようにクライアントとの直接取引は運営会社に発覚した場合のリスクが大きいため、システム利用料を浮かせたいと思ったとしても避けるのが無難ですし、クライアントから持ちかけられた場合も断るようにしましょう。

💡禁止行為に違約金を設けているサービスもあり

　なお、直接取引の場合の違約金のほかに、禁止行為に抵触するなどして会員資格を喪失した場合の違約金を定めるサイトもあります。

　会員資格が喪失すると、そのワーカーが引き受けていた仕事は当然キャンセルとなるので、運営会社としては手数料収入が得られません。そこで、運営会社が得られるはずだった手数料収入分を違約金として課すというルールを設けているのです。

　本章では主要なクラウドソーシングサイトの利用規約に共通して設けられているルールについて解説しました。

　知的財産権の取扱いなど、サイトごとにかなりルールが異なるとわかったと思います。どのサイトを利用するにせよ、重要なのは自分の登録しているサイトのルールをきちんと把握しておくことです。

　各サイトには場面ごとにルールをわかりやすく解説したヘルプやガイドラインのページが設けられているので、疑問や不安が生じたときはこまめにチェックすることを習慣化できるとよいでしょう。

　また、本章で解説したのはあくまでも各サイトのデフォルト・ルール（当事者で別の取決めを結ばなかった場合に適用される基本ルール）であることは認識しておきましょう。

　たとえば、クライアントとの間で特に取決めをしなかった場合、成果物の著作権はクライアントに譲渡される規約となっているサイトでも、「成果物の著作権はワーカーに留保され、クライアントに譲渡はされない」という取決めをクライアントとの間で結んでおけば、デフォルト・ルールよりもその取決めのほうが優先されます。

　つまり、クライアントとの間で依頼を受ける条件をきちんと交渉すれば、サイトであらかじめ定められているルールよりも有利な形で依頼を受けることも可能なのです。

　本章で説明したデフォルト・ルールを念頭に置き、クライアントとの条件交渉の進め方を読むと、理解が深まるでしょう。

第2章

隙のないプロフィールを
作るポイント

　第1章ではクラウドソーシングサイトの利用規約を踏まえ、クラウドワーカーとして仕事を受ける際に適用される基本的なルールについて見ていきました。この基本ルールを踏まえてクライアントと依頼を引き受ける条件交渉を行うことになります。

　実はこの条件交渉は、クライアントから見積り依頼などの連絡を受ける以前から始まっているのです。それが本章で解説するクラウドワーカーのプロフィールの書き方です。

　クライアントは誰に依頼をするかを検討する際、ワーカーのプロフィールをチェックします。そこでまず気になるのは、「発注しようしている仕事に見合うスキルや経験があるか」という点でしょう。

　発注を希望するワーカーとしては多くのオファーが来るように、見映えの良いプロフィールを作って、やや下世話な表現を使えば「プロフィールを盛る」こともよく行われています。しかし、実態に合わないスキルや経験をプロフィールに記載するのは依頼とスキルとのミスマッチを起こし、クライアントとのトラブルの原因となります。

　また、プロフィールにはワーカーが提供するサービスの料金の目安や成果物の知的財産権に関する条件などを記載することもあります。これらの記載の仕方によってクライアントとの条件交渉が有利にも不利にもなるため、書き方には十分注意する必要があります。

　本章では、クラウドワーカーのプロフィールの書き方について解説していきます。ただし、類書にあるような「多くのオファーを獲得する」、「高単価の仕事を受注する」といった観点からではなく、弁護士

の視点から仕事の発注を受けた後のトラブルを未然に防止し、クライアントとの条件交渉を有利に進めるためにはどのような点に気を付けたらよいかという視点で解説しています。

よくあるプロフィール。どこにリスクがあるかわかりますか?

I　名前・性別・年齢・住所等の 個人情報

> 東京のWebデザイン会社に勤務していましたが、出産を機に退職したので、現在はこちらでお仕事の依頼を受けています。
> ご相談は下記でも対応いたします。
> TEL：〇〇〇〇 - 〇〇〇〇
> メールアドレス：〇〇〇〇@mail.com

　クラウドワーカーとしてサイトに登録するときに最初に悩むのが「どこまで個人情報を載せるか」という点かもしれません。

　サイトによっては、個人情報の掲載を規定している場合があるので、そのルールに従うことが第一に必要となります。たとえば、以下の行為が禁止されているサイトもあります。

> (3)　特定個人の氏名・住所・電話番号・メールアドレスなど第三者が見て個人を特定できる情報を第三者に提供する行為
>
> （CrowdWorks 利用規約 22 条 1 項）

> 当社が特別に許可をする当社 Web サイト内の所定のスペースを除き、ワーカー並びにそれらの親会社、子会社及び取引先等の第三者のメールアドレス又は電話番号等の連絡先を掲載し又は宣伝する行為及びこれらに類する行為　　　　　　（Y 社利用規約より一部修正）

　このように禁止されているサイトのなかでは、メッセージ機能で
メールアドレス等の連絡先を書き込めない仕様になっているケースも
あります。

　ルールの範囲内で、どこまで個人情報を載せるかはクラウドワー
カーの営業戦略や自己ブランディングに関わってくる部分なので一概
には言えません。

　しかし、個人情報が多いほどクライアントからの信頼を得やすくな
る反面、嫌がらせなどのトラブルに巻き込まれるリスクが増えること
はおさえておきましょう。

　もちろん、クラウドワーカーがサイトに登録する際は本名や住所な
どを運営会社には届け出ていますから、クライアントとの間で紛争に
なったときは運営会社経由で個人情報がクライアントに開示されるこ
とはあり得ます。しかし、公開のプロフィールに個人情報が掲載され
ている場合と比べると、クラウドワーカーが嫌がらせ等にさらされる
リスクは小さいといえるでしょう。リスク予防のため、迷うのであれ
ば個人情報は極力出さないことをおすすめします。

Ⅱ　スキル・経歴

Webサイト制作のスキルがあり、このサイトでもたくさん発注をいただいています。
スタイリッシュなデザインが得意です。
画像加工もできますので、お気軽にご依頼ください。

　プロフィールのうち、自分のスキルや経歴の記載はとても重要です。多くのオファーをもらい、案件を獲得するためにはスキル・経歴の記載で同業者のワーカーと差別化を図ることがポイントとなるのは言うまでもありません。

　このようにスキルや経歴はクラウドワーカーの重要なアピール・ポイントとなるため、どうしても「盛った」内容になりがちな部分です。もちろん書き方や表現を工夫して魅力的なプロフィールを作り込むことは何も問題はありませんし、ワーカーとして働く上ではそれも重要なスキルといえます。しかし、虚偽の内容を書いてまでプロフィールを飾り立てることはまったくおすすめできません。

　まず、ご自分の持っていないスキルや経歴を書いて案件を獲得した場合、業務を進める中でクライアントとの間でトラブルが起こるリスクが大きくなります。クライアントとしてはあなたのスキル・経歴を見た上で「これくらいの仕事はしてくれるだろう」という期待値を持って仕事を発注していますから、その期待値を下回る成果物しか作れなかった場合にはクレームに発展するおそれがあります。

　また、実際以上のスキルや経歴を書いたプロフィールで仕事を取った場合、クライアントに追加料金や実費を請求しにくくなります。

例　Web サイト制作を主に行うワーカーが、「画像の加工のスキルがある」と盛ったプロフィールを掲載していた場合

Webサイト
制作の
仕事を引き
受けた

クライアントから、
Webサイトに掲載
する写真画像の加
工も追加で依頼さ
れた

追加料金の交渉ができず、実費で第三者
に依頼する、もしくは自力で何とかする

追加料金を交渉し、請求できても、
ワーカー自身が加工することを
想定した額（外注費用より安く）になる

通常であれば、「画像の加工は外注なので別途外注費を計上させていただきます」と言えば済む話ですが、プロフィールをその点で「盛って」しまっていたとすると、その手は使えません。

　「プロフィールと実際のスキル・経歴のギャップ」の問題は、一人のクライアントとの関係が長期に及ぶほど大きくなってきます。

　また、経歴やスキルの詐称の程度や内容によっては、詐欺などの刑法犯や景品表示法に違反する優良誤認と判断される可能性もありますし、クラウドソーシングサイトの利用規約違反として登録抹消・退会のほか損害賠償等の請求を受けるリスクもあります。

　実態と反するスキル・経歴をプロフィールに記載する行為は、長期的に見るとクライアントとの信頼関係を損ない、ご自分のブランド価値を低下させる行為なので控えるべきです。

Ⅲ　対応可能時間

> どんなご依頼にも迅速に対応するがモットーです。
> いつでもご連絡ください！

　プロフィールの記載事項のうち、目立たないながらも重要なのが対応可能時間に関する記載です。たとえば、クライアントからの連絡に対してレスポンスが可能な時間帯や打合せ等の案件対応が可能な時間帯を記載するのですが、「いつでも対応可能なほうがクライアントのウケがいいだろう」と考えて「365 日 24 時間対応可能です！」のような書き方をするのはまったくおすすめできません。

　対面でのビジネスと異なり、基本的には相手方の顔が見えないクラウドソーシングの世界では、仕事を発注するクライアントにとって「受注者のレスポンスがない」というのはとても大きな不安感を起こすものです。多くのサイトでは、クライアントは運営会社を経由してはいるものの報酬の前払いを済ませています。

　また、複数の業者に重複して発注をかけることも通常はありませんから、クライアントとしては数あるクラウドワーカーの中からあなたを選んで発注した時点で、お金も時間も費やしていることになります。そのようななかで、「信頼して契約したはずのクラウドワーカーと連絡が途絶えた」、「しかもレスポンスがない理由もはっきりしない」というのは非常に大きな心理的ストレスになります。

　一方で依頼を受けたクラウドワーカーの側としても、案件をこなすために集中して作業する時間が必要です。お題目として「依頼者へのレスポンスはとにかく速くしましょう！」といっても限界があります。だからこそ、**あらかじめプロフィールでクライアントからの連絡に対応可能な時間帯を明示しておくべきなのです。**

お手本　連絡に対応可能な時間等を明示する文例

> クライアント様への連絡・対応は月曜日と水曜日のみとなりますので、ご了承ください。

> メッセージへの返答は平日 17 時〜 23 時に行っています。
> この時間外にお送りいただいた場合は返信にお時間をいただきます。

　あらかじめ対応できる、またはできない時間を伝えることで、作業時間の確保や、本業・プライベートとの両立をしやすくなります

　具体的な書き方は自分の仕事のスタイルによりますが、クライアントの予測可能性を担保してあげることが大切です。同じ 10 時間レスポンスが無い場合でも、「いつ回答が来るのか、そもそもこちらの連絡を読んでいるのかさえわからない」というのと、「遅くとも明日の17 時以降には回答があるだろう」と予測できるのとでは待つほうの気持ちがまったく異なります。

　クライアントとの無用な衝突・トラブルを回避するため、**自身が十分な作業時間を確保するために、無理のない作業可能時間や連絡可能時間をプロフィールに書きましょう。**

IV　基本料金

ページのデザインは5万円からです。
具体的な内容を聞いてお見積りします。
まずはお気軽にお問合せください。

　プロフィールには自分が請け負う仕事の料金の目安を掲載する場合があります。たとえば、イラストレーターの方であれば「イラスト・フルカラー1枚〇円」、「イラスト・モノクロ1枚〇円」のようなものです。

　結論から言うと、利用規約で記載が可能とされている場合には料金の目安をプロフィールに記載したほうがよいです。

💡見積りを提示したときのギャップが起きにくい

　見積依頼をするクライアントは通常、ワーカーのプロフィールに目を通しています。その上で見積依頼をしてきたということは、そこに記載された料金のレンジであれば発注可能だと考えていることが通常です。そのため、その料金のレンジ内での見積りであればクライアントから「そんなに高いとは思わなかった」というような反応は出てこないでしょう。契約締結までスムーズに進められます。

💡追加料金の請求がしやすい

　発注後に当初想定していなかった作業が必要になることが判明し、追加請求を行うケースというのは稀ではありません。そんなときにプロフィールに料金体系の詳細や、オプション料金について明示されていれば、それを前提にクライアントと交渉が可能です。

💡クライアントとトラブルが起きてしまった場合に　　プロフィールに書いた料金の記載が役立つ

　たとえば、クライアントとの関係がこじれて契約を取り消すことになったが、途中まで行った作業分について料金を請求したいというケースで、相手方に請求する金額の算定根拠としてプロフィール上の料金表を使うことができる場合があります。

　このように、プロフィールで料金体系や料金の目安を明示しておくのはクライアントとの交渉を有利に進め、万一のときにワーカーの自衛手段にも使えるというメリットがあります。その意味で、料金についてはできるだけ具体的で明確に書いたほうがよいです。プロフィールに料金を記載するときのポイントを以下にまとめますので参考にしてみてください。

プロフィールに料金を記載するときのポイント

（1）　料金は項目ごとにできるだけ細分化

（2）　オプション料金（追加料金）を明示

（3）　内容によって料金が変動する場合でも料金のレンジを提示

（1）　料金は項目ごとにできるだけ細分化

　作業工程ごとに分けておいたほうが作業途中で契約がキャンセルになったときに対応しやすいです。

例　イラストの場合

イラスト：1枚〇円〜 　※　人物1人、背景なし、フルカラー、 　　サイズ〇cm×〇cmの場合	カラーイラスト1枚〇円

（2）　オプション料金（追加料金）を明示

　料金外の作業をさせられることを回避しやすくなります。

例　音声収録の場合

ファイルの分割はファイル数〇個 以上につき、オプション料金〇円	希望があれば、ファイルの分割も 可能です

（3）　内容によって料金が変動する場合でも料金のレンジを提示

例　チラシ制作の場合

チラシデザイン制作〇円〜〇円 　※　使用する素材の種類や内容に 　　より変動します	ご依頼に応じて見積りいたします

Ⅴ　知的財産権の取扱い

　前の章で見た通り、成果物の知的財産権がどのように扱われるかはクラウドソーシングサイトによってまちまちです。そのため、ワーカーの側で取扱いの基準を提示してクライアントと交渉することが大切になってきます。プロフィールに知的財産権の取扱いの基本姿勢を明記しておくことで、この交渉を有利かつスムーズに進めることができます。

　次のような記載をプロフィールに書いておくだけでもクライアントとの条件交渉は格段に進めやすくなるでしょう。

お手本　買取オプションを設定する場合の文例

> ご依頼いただいて制作した成果物について、著作権その他の知的財産権は当方に留保されます。著作権の譲渡（買取）をご希望のクライアント様は著作権の買取オプション（〇円）をご利用ください。

お手本　成果物を実績として公開したい場合の文例

> 制作した成果物は実績として当サイトその他インターネット上で公開する場合がございます。非公開を希望されるクライアント様も著作権の買取オプション（〇円）をご利用ください。

お手本　成果物を非営利・非商用利用に制限したい場合の文例

> 著作権の買取オプションをご利用いただかない場合、制作した成果物については
> クライアント様本人による非営利・非商用利用のみ可能とさせていただきます。
>
> 営利・商用利用を希望されるクライアント様は著作権の買取オプション（○円）を
> ご利用いただくか、または商用利用可能オプション（○円）をご利用ください。

　知的財産権に関して、上記以外にも検討しておくとよい事項としては以下のものが考えられます。

知的財産権について検討すべきポイント

- クライアントが成果物を使用する際に作者名の表示が必要か
- クライアントが成果物を改変することを許可するか
- クライアントが成果物を転売したり他人に譲渡したりすることを許可するか

　以上、本章ではプロフィールの記載について、クライアントとの条件交渉を有利に進め、契約トラブルを極力回避するためのアドバイスを中心に解説しました。オファーを獲得するためであっても実態に反したスキルや経歴の記載は行わないこと、個人情報については開示するメリットとリスクを比較検討してどこまで書くかを決めること、そして、料金や知的財産権の取扱いについてはできるだけ明確に細かく記載しておくことが大切です。本章のアドバイスを参考に、クラウドワーカーとして働く上で隙のないプロフィールを作りましょう。

第3章

受注するときのポイント

　本章ではいよいよクライアントから依頼を受けるときのポイントについて解説します。クラウドワーカーとクライアントとの関係は、法的に言えば「契約」です。つまり、依頼を受ける受注とはクライアントとの間で契約を結ぶことに他なりません。したがって、受注時のクライアントとの取決めが契約内容を形作ることになるのです。

　一旦契約内容となった事項でも後から変更することは可能です。しかし、変更するためには原則として契約当事者の合意が必要となります。そのため、ワーカー側が受注時に取決めした事項を後から変えたり、新しい事項を契約条件として追加したいと考えた場合はクライアントの了解を得る必要があります。

　しかし、最初に取決めをした契約内容の変更を求めてもクライアントがそれに応じてくれるとは限りません。クライアントとの関係が良好であれば応じてくれる可能性もありますが、すでにトラブルが起きたりして関係が悪化している場合にクライアントに譲歩してもらうことは非常に難しいでしょう。そうならないように、後から問題が起こりそうなことは受注時にしっかりと取決めをしておくことが何よりも重要となるのです。

　本章ではクライアントから発注を受ける際の注意点と、ワーカー側のリスクを予防するための交渉のポイントを解説します。合わせてクライアントに対するスムーズな契約条件の提示の仕方について、メッセージ（チャット）でのやりとりの例を挙げて解説していきます。

Ⅰ　クライアントの信頼性をチェックする

　クラウドソーシングサイトに登録した後、クライアントからオファーが届くのはとても嬉しいものです。しかし、来たオファーを引き受ける前に少し立ち止まって「このクライアントのオファーを引き受けても本当に大丈夫か？」と考えてみることが大切です。

クライアントの信頼性をチェックできるポイント

（1）　依頼内容（法令や利用規則に違反していないか）

（2）　依頼内容や作業量の書き方

（3）　業界の相場と比較したときの報酬設定

（4）　「クライアントの評価」と「取引完遂率」

※　サイトによって呼び名が異なったり、公開されていない場合もあります

（1）　依頼内容

　そもそもオファーの内容が、法令やクラウドソーシングサイトの利用規約に違反している場合、引き受けたワーカーも法的責任を問われるおそれがあります。絶対に引き受けないようにしましょう。

　法的規制に違反した仕事の受発注は、刑事罰の対象となってしまうこともあるので注意が必要です。気になるときは依頼の内容と「資格」、「違法」などの検索語を入れてインターネット検索をするなど、最低限のチェックをしてみる慎重さが必要です（たとえば「〇〇の作成違法性」など）。

（2）　依頼内容や作業量の書き方

　依頼の内容が不明確だったり、作業量が予測できないような書き方をしているオファーにも注意したほうがよいでしょう。

　すべてがそうとはいえませんが、受注時に業務内容が曖昧なまま契約してしまい、料金内でどこまで作業をすべきかがわからず、ズルズルとタダ働きをさせられてしまうケースがあります。

　もちろん、やりとりのなかで業務内容を明確化する方法もありますが、オファーの段階で依頼内容があまりにも漠然としていたり、要領を得ない場合はお断りするのも選択肢の一つです。

（3）　業界の相場と比較したときの報酬設定

　依頼内容自体に特に問題がない場合であっても、業界の相場と比較して明らかに低い料金でのオファーは引き受けないほうがよいです。こうした仕事は、ご自分の仕事の時間単価を低くしてしまうというビジネス上のデメリット以外にもリスクがあります。

　業界の相場を知らない（調べない）でオファーしてくるクライアントは、その仕事やそれを行うワーカーに対して、普通の発注者であれば当然持っている敬意を欠いている可能性があります。そのようなクライアントと取引を進めると、受注後に低料金や無料での追加作業を求められるといったトラブルが起こりやすい傾向があります。

　また、利用規約により相場より著しく低い料金での受発注が禁止されている場合もあります。大手クラウドソーシングサイトでは、仕事のカテゴリや種類に応じた料金の相場について情報開示をしています

ので参考にしてみましょう。

（4）「クライアントの評価」と「取引完遂率」

※　サイトによって呼び名が異なったり、公開されていない場合もあります

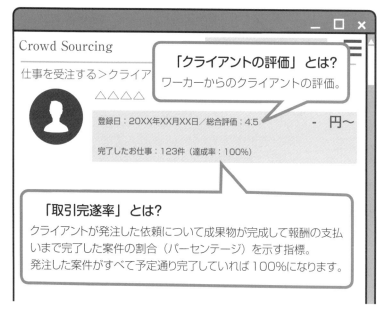

「クライアントの評価」

　この評価が他のクライアントと比べて極端に低い場合、そのクライアントに何か問題があるのではないかと考えてみたほうよいです。

　なぜなら、クライアントはワーカーに対して料金を支払うだけの立場なので、普通に取引が完了している限り、ワーカーがクライアントに対して低い評価をつけることはあまり想定されないのです。

　それにもかかわらず、クライアントの評価率が低いというのは、「依頼内容が不明確で作業を進められなかった」、「成果物の納品時にいわれのないクレームをつけられて、度々やり直しをさせられた」、「依頼内容に含まれていない作業を追加料金なしでやらされた」など、ワーカーにとってはかなり深刻な問題のあるクライアントであった可能性が高いといえます。こうしたクライアントとの取引を進めるのは「労多くて益少なし」といった結果になる可能性が高いため、依頼を断るのも手でしょう。

💡「取引完遂率」

　この取引完遂率は通常のクライアントであれば80〜90％程度、低くても70％程度です。100％のクライアントも多いです。取引は予定通り完了するのが普通ですから、取引完遂率も普通はこのくらい高い数字になるものです。これがたとえば60％台前半、あるいは50％を下回るようなクライアントの場合、オファーしている依頼の中身や取引の進め方に問題があるのではないかとの疑いが生じます。

　もちろん取引が完遂するかどうかはクライアントだけで決まるものではありません。ワーカー側に必要な能力がないなど、ワーカー側の都合や落ち度で取引が正常に完了しないケースもあるでしょう。そのため、発注件数が少ないクライアントの場合、たまたま腕の良くないワーカーに当たってしまった結果、取引完遂率が低く出てしまうというケースはあり得ます。

　しかし、発注件数（契約件数）がそれなりに多いのに取引完遂率が低いのは、ワーカーではなくクライアントの側に何か問題があることを推認させます。したがって、発注件数と取引完遂率を合わせて検討

した上で取引完遂率が低いクライアントの場合、オファーを断ること
も選択肢に入れましょう。

　特にクラウドワーカーとして登録したばかりの人の場合、せっかく
来た依頼を断るなど考えられないということもあるかもしれません。
しかし、誰でもワーカーとして登録して気軽に仕事を引き受けること
のできるクラウドソーシングサイトは、逆にクライアントの側も誰で
も登録できるようになっています。

　悪質なクライアントとの取引に時間と精神力を削られるのは、ビジ
ネス的に見るとむしろマイナスが大きいですから、新人のクラウド
ワーカーほど「断る勇気」を持ってクライアントを吟味するようにし
ましょう。

Ⅱ　作業内容についての認識を共有する

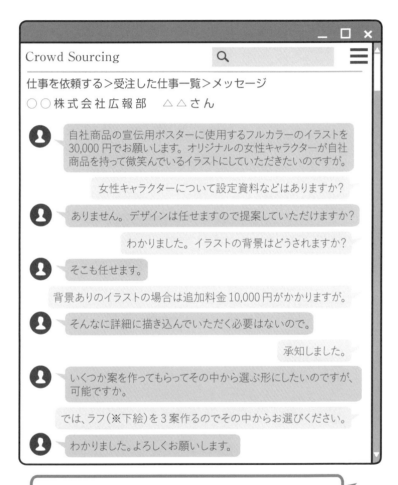

Crowd Sourcing

仕事を依頼する＞受注した仕事一覧＞メッセージ

○○株式会社広報部　△△さん

自社商品の宣伝用ポスターに使用するフルカラーのイラストを30,000円でお願いします。オリジナルの女性キャラクターが自社商品を持って微笑んでいるイラストにしていただきたいのですが。

女性キャラクターについて設定資料などはありますか？

ありません。デザインは任せますので提案していただけますか？

わかりました。イラストの背景はどうされますか？

そこも任せます。

背景ありのイラストの場合は追加料金10,000円がかかりますが。

そんなに詳細に描き込んでいただく必要はないので。

承知しました。

いくつか案を作ってもらってその中から選ぶ形にしたいのですが、可能ですか。

では、ラフ（※下絵）を3案作るのでその中からお選びください。

わかりました。よろしくお願いします。

イラストレーターと発注者の間のやりとりとしては比較的よくある内容。しかし、認識の齟齬を招く可能性が複数あります。

　クラウドソーシングで仕事を受ける際、最も多いのは「作業内容の認識のズレ」によるトラブルです。

例　デザインの変更をめぐるトラブルが起きたチャット

> デザイン案が完成しました。ご確認ください。

> 👤 キャラクターがイメージと違うのでやり直してください。

> キャラクターデザインは任せるとおっしゃっていませんでしたか。**やり直しをするのであればデザイン料を別途いただきます**

> 👤 いやいや、デザイン料については契約前に言われていないですし、払えませんよ！

例　背景の変更をめぐるトラブルが起きたチャット

> 👤 納品されたイラストを確認しました。背景がイメージと違うから変えてほしいです。

> 背景オプションなしだったので、背景素材から簡単に作成しました。背景の変更には別途料金をいただきます。

> 👤 契約前に背景も入れるという約束だったはずですよ。💡『詳細に描き込みはしなくてもいい』とは言いましたが、背景も発注内容に含まれていますよね？

例 ラフをめぐるトラブルが起きたチャット

> ラフを3案作成しました。ご確認ください。
>
> 👤 色がついていないとよくわからないですね。
>
> 下絵で3案提出するとお伝えし、ご了承いただいたと認識しております。
>
> 👤 💡カラーイラストを発注しているのだからラフも色をつけて提案するべきではないでしょうか。下絵が着色前であると説明があったわけでもないですよね。

　一読するとクライアントの対応がひどいように思えますが、法的にいうと、言い分が必ずしも認められないとはいえません。これらはすべて契約内容をどう解釈するかの問題です。

💡背景をめぐるトラブル〜「詳細な描き込み不要」の解釈〜

> わかりました。イラストの背景はどうされますか?
>
> 👤 そこも任せます。
>
> 背景ありのイラストの場合は追加料金としてプラス10,000円になりますが。
>
> 👤 💡そんなに詳細に描き込んでいただく必要はないので。
>
> 承知しました。

　ワーカーの「背景ありのイラストの場合は追加料金がかかります」という発言に対するクライアントの「そんなに詳細に描き込まなくてよい」との発言は、「背景は発注内容にしなくてよいから可能であれ

ば適当なものを入れてほしい」という希望の表明とも解釈できますし、「詳細な描き込みはしなくてよいので背景なしのイラストの料金内で背景も入れたイラストを描いてほしい」という契約条件の提示とも解釈可能です。先程の例ではワーカー側は前者、クライアント側は後者の認識を持っていたということでしょう。しかし、会話の流れ自体を見ると特に違和感はなく、結果としてワーカーとクライアントの間に認識のズレがあるのに、両者とも気がつかず、契約が成立しています。

💡ラフをめぐるトラブル〜着色前か後かの解釈〜

> 👤 自社商品の宣伝用ポスターに使用する💡フルカラーのイラストを 30,000 円でお願いします。
>
> （中略）
>
> 👤 いくつか案を作ってもらってその中から選ぶ形にしたいのですが、可能ですか。
>
> では、💡ラフ（※下絵）を 3 案作るのでその中からお選びください。
>
> 👤 わかりました。よろしくお願いします。

　提案する 3 つのラフが「着色前のラフ」と「仮の着色を済ませたカラーラフ」のどちらだと解釈されるのかが問題になっています。ワーカーの側は「着色前のラフを 3 つ提案する」というのが契約内容だと解釈し、クライアントの側は「カラーラフを 3 つ提案する」と解釈したためにトラブルが起きたのです。

　このようなトラブルが起きたとき、どちらの契約解釈が正しいのか

を判断する必要が出てきます。契約締結時に契約書や仕様書などで厳密に決めておけば解釈違いは起きにくいですし、仮に両者の言い分が食い違ったとしても「契約書（仕様書）にどう書いてあるかをみてみましょう」ということができます。書面に書かれた契約条件という議論の土台・前提があるため、問題を円満に解決しやすいのです。

　ところが、クラウドソーシングサイトで依頼を受ける場合、詳細な契約書や仕様書を作成することはほとんどありません。通常、前述のようなチャットのやりとりで契約内容をすり合わせ、取引を開始します。しかし、話し言葉に近いチャットでのやりとりは、契約条件の取決めを行うためのフォーマットとしては曖昧すぎるのです。

　こうした契約内容についての認識のズレは、特に作業内容について発生しやすいと覚えておきましょう。納期や料金であれば数字で表現できるため、チャットのやりとりでもかなり明確化できますが、作業内容は数字では表現できないものも多く、しかもワーカー・クライアントの双方が自分にとって都合の良いように解釈しがちであることもあって、契約トラブルが格段に起きやすいのです。商取引では契約書を必ず取り交わすべきだとされているのもこのような認識のズレから起こる無用な争いを回避するための知恵といえます。

　とはいえ、クラウドソーシングサイトでの受注時に必ず詳細な契約書や仕様書を取り交わしましょうというアドバイスは現実的とはいえません。そもそもクラウドソーシングはワーカーにとってもクライアントにとってもスピーディーに受発注できるのが大きなメリットなのですから、その都度契約書を取り交わすというのはその利点を大きく損なってしまいます。

　そこで、ワーカーが身を守るための現実的方策として、クライアントとのチャットやメッセージでのやりとりの際に、可能な限り作業内容を明確化しておくことを心がけるべきでしょう。

　先程挙げたイラスト制作の受注を例に、トラブルを起きにくくするためにどのようなやりとりをすればいいか文例を示します。

お手本　デザインをめぐるトラブルを回避する文例（チャット）

> 自社商品の宣伝用ポスターに使用するフルカラーのイラストを30,000円でお願いします。オリジナルの女性キャラクターが自社商品を持って微笑んでいるイラストにしていただきたいのですが。
>
> 女性キャラクターについて設定資料などはありますか？
>
> ありません。デザインは任せますのでそちらで提案していただけますか？
>
> わかりました。💡キャラクターデザインもご依頼いただく場合、追加料金として10,000円をいただきます。追加料金なしでデザインをご提案する場合、提案したデザインの変更を承ることはできません。どちらになさいますか？
>
> そうですか。キャラクターデザインにはそれほどこだわりはないので、ご提案いただいたものをそのまま使うので構いません。ただ、○○（※　某アニメのキャラクター）風にしていただけますか。
>
> 承知しました。では、デザイン料は別途いただかず、キャラクターデザインの修正は不可ということでお引き受けいたします。

💡選択肢の提示・オプション料金の明示

　ポイントは、クライアントに「デザイン料を払うことで提案したキャラクターデザインの変更対応は可能」、「デザイン料なしであればキャラクターデザインの変更対応は不可」という2つの選択肢から選ばせている点です。提示した選択肢から選ばせる形であればクライアント

の依頼内容に疑義が生まれるリスクは小さくなります。

　また、デザイン料（10,000円）を明示しているのもポイントです。依頼後に「やっぱりキャラクターデザインもお願いしたい」と言われたとき、事前に金額を明示しておけば相手に請求する金額の一応の根拠となり、交渉上有利です。後になって「デザインは5,000円でやってほしい」と言われても断りやすくなります。

お手本　背景をめぐるトラブルを回避する文例（チャット）

以上はキャラクター1体の基本料金です。
💡背景を入れる場合、追加料金としてプラス10,000円がかかりますが、いかがでしょうか。

背景はそんなに詳細に描き込んでいただく必要はないので、基本料金内で対応していただけませんか。

その場合、💡背景は当方の手元にある背景素材を使用した簡易なものとなります。また、💡背景の手直しやイメージが違う等の理由によるやり直しには応じかねますのでご了承ください。

💡オプションとサービスの線引きを明確化

　選択肢を提示し、背景ありを選んだ場合の追加料金を明示している点は先ほどと同様ですが、このやりとりでは背景なしの料金で簡易な背景を入れるリクエストに応じています。

　クラウドワーカーの仕事も客商売の面を有しているため、顧客の要望にある程度柔軟に対応することが必要になる場面はあります。しかし、その場合であってもこのやりとりの例のように「サービスとして

できるのはここまでで、それ以上は対応できない」ということをはっきり伝えておくことが大切です。

　残念なことですが、世の中には譲歩に感謝するよりも、かえって要求をエスカレートさせてくるクライアントが存在します。善意やサービス精神を発揮することで、プロとして尊重されるのではなく、友達のような不適切な距離感で対応されることもあるのです。

　それを防ぐためにも相手方の要望を汲んであげる場合には「これ以上はできない」という明確な線引きを示しておくことが大切ですし、万一相手がその一線を超える素振りを見せてきたときは、遠慮なく要求を跳ねのけましょう。プロフェッショナルであるワーカーへ敬意を払うことを忘れて無理な要求をしてくるクライアントとの関係を続けることは、ビジネス上マイナスのほうが大きいからです。

　続くやりとりの流れでも、丁寧でありながらきちんと線引きをする姿勢で交渉を行っていますので確認してみてください。

イラスト制作でトラブルが起きやすいのはどこ？

　イラスト制作の取引において、ラフの段階でのトラブルは意外なほど多いのです。典型的なのは「イラストレーターが何枚もラフを提案しているのにクライアントがそれをすべてボツにしてしまい制作が進まない」、「ラフが通って色塗りを行ったところ、後になって『やっぱり構図が気に入らないのでやり直してほしい』」などです。

　次はラフ（イラストの下絵）に関する条件交渉をみてみましょう。

お手本 ラフをめぐるトラブル回避する文例（チャット）

> 👤 わかりました。いくつか案を作ってもらってその中から選ぶ形にしたいのですが、可能ですか。
>
> 基本料金で対応できるのは色塗り前の3案までです。3案以上のご提案を希望の場合はオプション料金として、💡追加1案あたり2,000円を頂戴します。また、ラフ確定後の変更には対応できませんのでご注意ください。
>
> 👤 わかりました。ラフは3案でお願いします。イメージをつかみたいので簡単に色塗りをしたラフをご提案いただくことはできませんか。
>
> 💡カラーラフの制作はオプションとして10,000円の追加料金をいただくことになります。💡カラーラフの制作にはかなり時間や労力がかかってしまうためご了承ください。
>
> 👤 わかりました。では、基本料金内でカラー無しのラフ3案でお願いします。

💡ワーカーのラフの認識を明示する

　上記のやりとりの例では、トラブルの芽を摘んでおくため、「ラフは基本3案まで。それを超えるラフの提案に対しては1案あたりプラス2,000円の追加料金が発生する」、「ラフ確定後の変更には応じられない」、「ラフは色塗りを行わない。カラーラフを希望する場合はオプションとして追加料金10,000円が発生する」という条件を明示しています。

　並べてみると、金額はともかくとしてどれも当たり前の条件のように思えますが、実際の取引ではこのあたりが明確にされないまま取引に入ってしまうことが多いのです。その結果、後からクライアントとの間でトラブルが起きて、長時間タダ働きに近いような作業をやらさ

れたり、契約をキャンセルせざるを得なくなったりするのはワーカーにとって大きな損失となります。

　もちろん世の中には非常識なクライアントや悪質なクライアントがいますから、事前のやりとりに注意を払ってもすべてのトラブルを防止することはできません。しかし、事前に条件を明確化しておけばトラブルの発生をかなりの程度防止できます。何よりもトラブルが起きてしまったとしても、取引の条件を事前に明示しておくことでこちらに有利に解決を図ることができます。

🌀 トラブル回避のポイント（イラスト制作）

● 選択肢を提示し、クライアントに選ばせるかたちで条件交渉を進める

● オプション料金のかかる作業を依頼される可能性があれば、詳細な料金を明示しておく

● オプション（有料）とサービス（無料）の線引きを明確に決め、悪条件の依頼は勇気を持って断る

● 特にラフの枚数やラフ確定後のやり直しが問題になりやすいことから、これらの点についてはきちんと条件提示を行うべき

　ここまではイラスト制作を例にとって解説しましたが、ここで解説したことはそれ以外のあらゆる業務について当てはまります。クラウドソーシングで発注されることの多い仕事のカテゴリごとに交渉時の注意点をまとめていますので参考にしてみてください。

✒ トラブル回避のポイント（ロゴ・デザイン制作）

- 注意すべき点は基本的にはイラスト制作と同様
- 💡商標登録の希望を確認し、申請したものの登録が不可となった場合の対応を取り決めておく

💡商標登録申請が不可になった場合の対応まで取決め

　特有の問題として、クライアントによっては制作したロゴやデザインを使って商標出願などを検討している場合があります。類似のロゴやデザインがすでに商標登録されているなどの理由で登録が認められなかった場合にトラブルとなり得るため、そうなった場合の返金の可否などについても取決めをしておくとよいでしょう。

✒ トラブル回避のポイント

- 料金・単価と報酬の算定方法については後から疑義が出ないように確認する
- 記事や翻訳の中で使用する図表の作成などもリクエストされた場合、適切に料金に反映できるように条件提示を行う。図表の作成には労力や時間がかかるため、「図表１点あたり○円〜」のような料金設定を検討する
- 学術・専門分野の記事制作や翻訳の場合、複数の表記があり得る用語の使用につき、クライアントに指定されるケースもある
  後から表記のズレを修正する作業を求められることもあるため、事前に用語の指定があるかどうかを確認する

🖳 トラブル回避のポイント

- メッセージ上のやりとりだけでなく、詳細な契約書や仕様書を作ることも検討する
- 「〇〇の提案を了解した後は変更には応じません」といった条件を事前に確認する
- 一定の作業工程の完了ごとに段階的に料金が支払われる💡**マイルストーン方式での料金体系を提案する**などの工夫が必要

Webサイト制作やシステム開発は、制作期間が長期にわたり、かつ料金も高額になりやすい仕事であるため、トラブルも起きやすいです。

💡作業内容の専門知識がないクライアントには要注意

クライアント側にWeb制作の知識に乏しく、Webサイトやシステムの完成図について具体的なイメージを持っていないことも多いです。そのため、クライアントとの打合せが上手くいかなかったり、提案がなかなか通らず、長期間作業がストップすることもあります。

さらにワイヤーフレーム等の提案が一度通っても、「やっぱりイメージと違う」とひっくり返されるなどのケースが起きるため、「〇〇の**提案を了解した後は変更には応じません」のように工程ごとに区切っておくとよいでしょう。

💡マイルストーン方式での料金設定

マイルストーンとは、プロジェクトや作業の中間目標地点や節目のポイント地点のことをいいます。これを基準に料金を設定することで、途中でキャンセルになった場合も一部料金の請求をしやすくなります。

お手本　マイルストーン方式での料金設定を提示する文例

■ 料金について

作業ごとに料金を設定しています。必要な業務をお選びください。

・サイトマップ提案：○円〜

・トップページのワイヤーフレーム制作：○円〜

・固定ページ（□□、△△…）制作：○円〜

・Web サイトドメイン設定：○円〜○円

♪トラブル回避のポイント

● 音声は言語化が難しい制作物であるため、クライアントとの間で事前にイメージの共有を丁寧に行うことが望ましい

例 リファレンス音源を提示してもらう　など

● ナレーションの場合、クライアントからのリテイク要望をめぐるトラブルが多いため、リテイクに応じる回数を明示し、それを超えるリテイクを行う場合の追加料金についても契約前に提示する

● ナレーションや生楽器の演奏を収録した音源を制作する仕事の場合、ノイズの処理や音質調整などをワーカー側でどこまでやるかを事前に明確化する

例 ノイズカットなどをオプションとして別途料金提示を行っておくことを検討する　など

● 複数の短いセリフの収録依頼などの場合、ファイルカットやファイル名の編集をクライアントから求められることもある

分量が大きい場合、かなり時間を要する作業になるため、こうした作業に応じるか、応じる場合には別料金とするかを契約前に取り決めておく

Ⅲ　締切り・納期を設定する

　依頼内容のすり合わせとともに重要となるのがスケジューリング、つまり締切りや納期の設定です。この点について交渉上の留意点を解説する前に、クラウドソーシングにおける締切り・納期の持つ法的な意味についておさえておきましょう。

　法律的に見ると、クラウドソーシングで仕事を引き受けることは、請負契約または準委任契約のいずれかに位置づけることができます。

請負契約とは？

　ワーカーが仕事の完成を請け負い、それに対してクライアントが報酬を支払うことを約束する契約のことをいいます。

準委託契約とは？

　一定の仕事に対してワーカーが取り組むことを約し、それに対してクライアントが報酬を支払うことを約束する契約のことをいいます。

請負契約と準委託契約の違いは？

　仕事の完成（＝成果物の納品）がワーカーの契約上の義務となっているかどうかです。請負契約では仕事の完成義務がありますが、準委任契約では完成義務はありません。

> ### 仕事を完成させる義務を負わない契約があるの?
> 専門家の提供するコンサルティング・サービスなど、クライアントに対して専門家として通常要求される水準のアドバイスなりコンサルティングなりを果たしていれば契約上の義務を完遂したことになります。

　クラウドソーシングでの仕事の受発注の大半は、具体的な成果物を完成・納品することを求められる請負契約です。この場合、契約で定められた特定の期限までに仕事を完成させる必要があります。この仕事完成の期限が締切りや納期と呼ばれるものです。

　請負契約において納期までに仕事を完成することはワーカー側の契約上の義務ですから、守れなかったときは契約違反の責任を問われることになります。

例　納期が遅れたためにクライアントに営業上の損失が生じた場合

クライアントが新商品のリリースを計画	ロゴデザインをワーカーに発注	ワーカー都合で納期に間に合わず	事業計画に遅れが発生	数百万円、数千万円単位の営業上の損失

　ワーカーの落ち度により納期の遅れが生じた場合、クライアントとの契約を解除される可能性があるだけでなく、ワーカーがその損失の補填を求められることは十分あり得ます。

　以上、述べたことはビジネスとして仕事の依頼を受ける場合には当然のことです。しかし、このような契約上の責任を負っていることをあまり意識していない人がいることは事実です。本業の片手間に副業

としてクラウドソーシングを利用している場合、忙しくて都合がつか
なかったり、締切りに間に合わなくても契約がキャンセルになる以上
の責任は問われないと考えている人もいます。しかし、ネット上のや
りとりだけで完結するクラウドワーカーの仕事であっても、法的には
デザイン事務所やホームページ制作会社が顧客から仕事を請け負うの
と何ら変わりがないのです。

このように、クラウドワーカーにとって締切りや納期は仕事の完成
義務という重い責任を意味するものだということを常に念頭に置くこ
とが大切です。その上で、依頼を受ける際には必ず守ることのできる
納期を設定してもらいましょう。自分のキャパシティでは対応しきれ
ない締切りの設定を求められたときは無理をして引き受けるのではな
く、依頼自体を断る勇気も必要です。

以上を大前提としつつ、クライアントとの間で締切りや納期の設定
を行う場合の留意点やノウハウをお示しします。

締切り・納期を設定するときのポイント

（1）　長期のプロジェクトではスケジューリングを細分化
（2）　クライアントの依頼の意図や背景事情を理解
（3）　状況により変動する納期を決めるのが適切な場合もあり

（1）　長期のプロジェクトではスケジューリングを細分化

　ソフトウェア開発など多工程・長期のプロジェクトを引き受ける際
は、クライアントと細かくスケジュールを決めておきましょう。

お手本　長期プロジェクトにおけるスケジュールを設定する文例

■ 納期について

　各工程ごとの締切りは以下の通りです。

　・要件定義：〇月〇日

　・デザインカンプの制作：〇月〇日

　・仕上げ作業前のクライアント確認：〇月〇日

　中間目標ごとに進捗をクライアントへ報告することで、どの程度作業が進んでいるのかを把握しやすくなります。また、トラブルや作業の遅れが生じた場合も、クライアントとの間で迅速に問題を共有して、早期に納期の延長などの対応をとることができます。

　もちろん、中間的な納期であっても一度設定した以上は遵守できるよう努力するのは当然ですが、クライアントにとって最も重要なのは最終納期に間に合わないという事態です。そのような最悪の事態を回避できるように中間納期を定めて細かい工程管理を行うことが大切です。

（2）　クライアントの依頼の意図や背景事情を理解

　依頼を引き受ける前にクライアントが成果物をどんな用途で使う計画なのかを可能な限り聞いておきましょう。

　なぜならクライアントの用途によって、万が一納期が守れなかった場合の重大性が大きく異なってくるからです。損害の規模が大きい場合は、依頼を断る、優先対応のオプションを設ける、免責事項の契約書を交わすなどの対応を検討します。

例 ワーカー都合の納期の遅れが小規模の損害で済む場合

社内の企画会議の資料として、商品パッケージのデザインを発注 ＞ ワーカー都合で納期に間に合わない ＞ クライアントからワーカーに依頼のキャンセルを通知 ＞ 低評価となり、ワーカーとしての信頼が落ちる

例 ワーカー都合の納期の遅れが大きな損害となる場合

年末に発売が決定している商品パッケージのデザインを発注 ＞ ワーカー都合で納期に間に合わない ＞ 事業計画に遅れが生じる ＞ 数百万円、数千万円単位の営業上の損失が出る

販売戦略に狂いが生じ、大きな売上の見込める年末商戦での売上が入らなくなってしまうわけですから、クライアントに発生する損失は甚大です。

　スケジュール管理におけるリスクが大きな依頼の場合、本当にそれを引き受けるだけのキャパシティがあるかを慎重に検討する必要があります。場合によっては納期を守るために他の案件の受注をストップする必要が出てくるため、「納期遵守につき重要度が高い依頼ですので、優先対応のオプション料金が発生します」といった理由で契約時に追加料金を要望することも選択肢とすべきです。

　また、こうした高リスク案件については万一納期が守れなかった場合に備えて、契約違反時のワーカー側の責任の範囲を限定する取決めをしておくこともあり得ます。クライアントとの間で契約書を作るのであれば次のような文言を入れることが考えられます。

お手本　ワーカーの契約違反時に損害賠償の上限額を定める文例

> 第○条（損害賠償）
> 1．自己の責めに帰すべき事由により本契約に違反した当事者は相手方に対してこれにより生じた損害を賠償する責任を負う。
> 2．前項に基づく受注者の発注者に対する責任の範囲は本契約に基づき
> 　💡発注者が受注者に支払う報酬額を限度とする。

💡発注者が受注者に支払う報酬額を限度額に設定

　万が一、ワーカーが納期を守れずに契約違反を起こしたとしても、発注者への損害賠償額はその依頼の報酬金額が上限となります。

例　契約時に損害賠償の上限を決めていた場合の対応

　クライアントとの間で契約書を取り交わすのが難しい場合もあるでしょう。その場合は契約条件を提示する際、メッセージのやりとりで次のようにクライアントに提示することも考えられます。「その他の条件」として記載している内容がワーカーの免責条項です。

お手本　免責条項を記載した依頼条件の確認の文例

> では、ご依頼を引き受ける際の条件を提示させていただきます。

- 料金について
  - ・ロゴデザイン 1 点の制作料金：〇円
    - ※　ラフの提案は 3 案まで
  - ・優先対応オプション料金：〇円
    - ・・・・・
    - ・・・・・
- 納期について
  - ・〇年〇月〇日までにラフ 3 案をご提示
  - ・〇年〇月〇日までに完成・納品
- その他の条件
  1. 💡万が一当方の落ち度で発注者様にご迷惑をおかけした場合、契約金の全額を上限として責任を負います。
  2. ・・・・・・

免責条項の書き方のポイント

① 契約書と比べて話し言葉に近い表現を使用
② 責任を否定する言い回しではなく肯定する言い回しを使用
③ 免責条項単独ではなく他の契約条件と並べて提示

① 契約書と比べて話し言葉に近い表現を使用

　メッセージ上のやりとりで契約書に使われるような堅い表現を使うとクライアントの警戒心が増すためです。話し言葉に近い平易な文章で書いたほうがすんなりと条件を飲んでもらえることが多いでしょう。

②　責任を否定する言い回しではなく肯定する言い回しを使用

文例でいうと、「契約金の全額を上限として責任を負います」という表現を使っている部分です。これは「契約金額を超える損害については責任を負いません」という言い回しと法的な意味としては同じですが、「責任を負いません」という言い回しはやはりクライアントの警戒心を呼び起こしますから、文例のような肯定的な書きぶりにしたほうが得策です。

③　免責条項単独ではなく他の契約条件と並べて提示

これもクライアントに条件を飲んでもらいやすくする工夫です。ワーカーの免責条項は転ばぬ先の杖のようなものであり、取引が順調に進む場合には特に問題とはなりません。クライアントとしても依頼時には免責条項よりも料金や納期のほうを重視しますから、そういった他の契約条件と一緒に提示することでワーカー側に有利な免責条項でも受け入れてもらいやすくなるのです。

（3）　状況により変動する納期を決めるのが適切な場合もあり

納期が変動する場合の決め方のポイント

- まったく納期を設定しないことは避ける
- ざっくりした納期を設定する（「〇月上旬」「第〇週中」など）
- クライアント都合で変動する場合は以下のように設定する
  - ①　クライアントの対応を基準に納期を設定
  - ②　クライアントの対応日数を仮定して納期を設定

　通常、納期は「〇年〇月〇日」と確定した日付を設定しますが、仕事によっては「〇月下旬頃」のようにざっくりとした期限を決めることもあります。このような納期の定め方でリスクはないのでしょうか。

　一般論として、こうした納期の決め方は**ワーカー側には有利に働くことが多い**といえます。納期とは「ワーカーの仕事完成義務の履行期限」のことです。その期限が「〇月下旬頃」のような曖昧な形で定められている場合、ワーカーが作業の遅滞などの契約違反をしても、責任を問われるリスクは低くなるからです。

　では、納期をまったく定めずに仕事を請け負えばワーカーにとってより有利かというと、必ずしもそうではありません。どんな仕事であれ、契約である以上は「ワーカーがいつまでも仕事を完成しなくてよい」ということはあり得ないからです。当事者間で納期が明示されなかったとしても、**法的には「この種の取引であれば通常期待される時期を納期として定めたのだろう」と解釈される**ことになります。

💡「通常期待される時期」

　この「通常期待される時期」というのが曲者であり、状況によっては長くも短くも解釈される可能性があります。

例　まったく納期を決めなかった場合におけるワーカーに不利な「通常期待される時期」の解釈

まったく納期を決めずに依頼を受ける	ワーカーは、納期を少なくとも3カ月先と想定	1か月後にクライアントから催促される	訴訟で裁判官「納期は発注から1カ月後だろう」と判断	ワーカーの業務遅滞扱いに

　納期を一切決めずに契約を進めてしまうと、ワーカーにとって予期せぬ契約違反が起きてしまう可能性があります。そのため、納期についてまったく取決めをせずに依頼を引き受けるのはやめましょう。

例　納期をざっくり設定した場合の「通常期待される時期」の解釈

納期を「6月下旬頃」に設定	ワーカーは、納期は21日〜30日までと理解	クライアントが6月18日に納品されないと催告	ワーカーの業務遅滞とはならない

この場合であれば、6月の上旬までに仕事が完成していなかったとしても契約違反の責任を問われることはあり得ないでしょう。

　このように「○月下旬頃」や「○月の第○週頃」のような定め方であれば、契約違反になるかどうかをある程度予測可能です。そのため、確定的な納期を定められない場合はこうしたやや曖昧な納期の定め方のほうがワーカー側にとってはメリットが大きいといえます。

　もっとも、ワーカーがこのように曖昧な納期を定めたいと考えるのは、多くの場合、**作業の進捗に予測できない要素が絡んでおり、受注時に確実な納期を指定するのが難しい**ためではないでしょうか。
　たとえば、ワーカーが提案したデザイン案に対してクライアントからのOKが出る時期が予測できないケースや、ワーカーが作業を進めるにあたってクライアントが素材などを提供することになっており、その素材の提供時期が読めないケースなどがあり得ます。
　このようにもっぱらクライアント側の事情によって納期を明確化しにくい案件の場合はざっくり「○月下旬頃」のような定め方をする以外に、次の①・②のような条件で受注することもあり得ます。

①　クライアントの対応を基準に納期を設定

お手本　クライアント都合で納期を明示できない場合の文例

本件のスケジュール及び納期は次の通りとさせていただきます。

・デザインカンプの提案：〇年〇月〇日まで

・完成品納品：クライアント様によるカンプ案の承認後 30 日以内

💡クライアントの対応速度で納期が変動することをアピール

　ワーカー側でコントロール可能なデザインカンプ（完成見本）の作成は「〇年〇月〇まで」と明確な時期を提示する一方、提示したカンプ案の承認時期はクライアント次第であることを踏まえ、最終的な納品時期を「カンプ案の承認後 30 日以内」と定めています。

　ワーカーがカンプ案承認後の作業日数として 30 日あれば十分であると予測できているケースでは、こうした納期の定め方で納期遅れを起こす可能性は低いでしょう。クライアント側としても、完成品の納品時期は自分のカンプ案承認の早さによることが明確になりますから、クライアントによる承認を迅速化することにもつながります。

②　クライアントの対応にかかる日数を仮定して設定

お手本　クライアント都合で納期を明示できない場合の文例

本件のスケジュール及び納期は次の通りとさせていただきます。

・デザインカンプの提案：〇年〇月〇日まで

・完成品納品：〇年△月△日まで

※　上記の納期はカンプのご提案後概ね 1 週間以内にクライアント様から承認をいただけた場合を前提とした目安となります。💡カンプのご承認後、完成品の納品までには 30 日程度の時間を要するためご了承ください。

💡提示した納期の前提条件を説明

　確定的な納期を提示しつつ、提示された納期の前提条件について説明しておくやり方です。このような説明を行っておけば、クライアント側のカンプ案承認が遅れた場合であっても、提案承認後約 30 日の作業日数は確保できるため、ワーカー側が契約違反の責任を問われるリスクをかなり下げることができます。

　クラウドソーシングサービスによってはシステム上、納品日を確定させなければ依頼を受けられないケースがありますが、クライアントとのやりとりの中でこのような条件提示を行って了承を得ておけばクライアント側の確認作業の遅れで当初の納期を守れなかった場合でも法的な責任を回避できる可能性が高いでしょう。

　納期の問題に限らず、プロジェクトの性質上、受注時に契約条件の詳細を詰めることのできない案件はあり得ます。そのような場合でも、この項目で解説したようにクライアントとの間で前提となる事実や条件をきちんと明示して了承を得ておくことでワーカーの法的リスクを最小化することが可能となります。ぜひ覚えておいて交渉の際に意識してみてください。

Ⅳ　連絡や打合せの方法等を
　決めておく

　長期にわたるプロジェクトはもちろん、比較的短期・小規模な案件であっても、受注後にクライアントとの連絡や打合せが必要になる場面は意外と多いものです。たとえば、進捗を共有して方向性の了解を得たり、問題が発生した場合に協議を行ったりすることがあり得ます。また、クライアントから仕様変更や追加作業の依頼などがあるかもしれません。

　事前に取決めをすることでこうした場面でスムーズに対処できます。

連絡や打合せについて合意しておくとよいポイント

（１）　クライアントとワーカーの連絡手段

　例　サイト内のメッセージ機能 or 💡外部サービス　など

（２）　ワーカー側の連絡可能日時

（３）　💡作業の節目で打合せや中間報告を行う予定の場合はその日時

（４）　万が一、連絡がとれなくなった場合の対応

　（１）と（２）はワーカーのプロフィールに記載しておくことも考えられますが、契約条件とする場合には受注前に改めて伝え、了解を得たほうがよいでしょう。記載だけでは、トラブルになった後で「プロフィールは読んでいなかった」と主張される可能性があります。

⚲外部サービスを使った直接取引が禁止事項に当たらないか注意

クラウドソーシングサイトによっては、原則としてやりとりをサイト内のメッセージ機能に限定している場合があります。違反すると退会処分や損害賠償請求を受ける可能性があるため必ず守るようにしましょう（☞ P.28）。外部のアプリやツールでの連絡がどうしても必要なケースについては運営会社の事前承諾を得て行うことができる場合もあるため、きちんと手続きを踏むことが重要です。

⚲進捗報告の打合せも含めたスケジュールの設定

（3）はシステム開発のように長期かつ複雑な作業を目的とする案件の場合に取り決めておくとよい事項です。あらかじめ打合せの日程を設定することで、クライアントが多忙でも必要な意思確認がしやすく、作業がストップするリスクを下げることができます。また中間報告の時期を予定しておくことで、ワーカー側の進捗管理もしやすくなります。

⚲連絡がとれなくなった場合の対応

（4）について、作業の一時中断やプロジェクトのキャンセルができるという点について了解を得ておくとよいでしょう。

お手本　連絡がとれなくなった場合の対応を明示する文例

> 作業中、必要に応じてクライアント様の指示をあおぐことがあります。このとき、ご指示をいただけない場合は作業を一時中断することになるためご注意ください。また、1週間以上連絡がとれない場合は契約キャンセルの手続きをとる場合があります。

Ⅴ　納品した成果物の検収期間を決めておく

　成果物が完成した後、ワーカーはサイトごとに定められている手続きを踏んで、クライアントに納品することになります。クライアントは成果物が仕様に沿っているかを確認する作業を行います。この成果物のチェックを契約用語で「検収」と呼びます。

　クライアントによる検収が完了しない限り、プロジェクトが完遂されたことにならず、ワーカーへ料金が支払われないのが原則です。クライアントが合理的な理由なく検収を完了しない場合、一定期間経過後に自動的に検収完了になるというルールを採用しているクラウドソーシングサイトもあります。たとえば CrowdWorks では、納品後にクライアントが合理的な理由なく検収結果を報告しない場合、1週間経過すると検収に合格したとみなされます（利用規約 13 条 1 項 3 号）。

　もっとも、このようなルールを採用していないサイトもあるので、受注時にクライアントとの間で「納品後、検収をいつまでに完了するか」ということを取決めしておくのが望ましいでしょう。クライアントに対して検収期間につき了承を得る際は次のような文例を使います。

お手本　納品後 1 週間以内に検収してもらいたい場合の文例

> 納品後は成果物をご確認いただき、問題があればお知らせください。納品後 1 週間以内にご連絡がない場合は検収が完了したものとし、以降の修正対応には応じかねますのでご了承ください。

VI　納品後の成果物の取扱いについて決めておく

成果物の取扱いのポイント

- 特に💡トラブルになりやすいのは著作権・著作者人格権
- クラウドソーシングサイトの規約から、納品後の権利の所在を確認する
- 権利がクライアントに譲渡されるのを望まない場合は、💡成果物が商品化・実用化される前に交渉する

　クラウドワーカーの仕事の多くはクリエイティブなものです。ロゴやイラストの制作、Webサイトのデザイン、プログラミングなどの成果物は、ワーカーの「作品」とも呼べます。それゆえに成果物の納品と料金の支払い以外に、納品後の成果物についての権利や取扱いの問題が生じるのです。

成果物について発生する可能性のある権利とは?

- 著作権

　デザイン、イラスト、音楽、文章などのほかソフトウェア（プログラム）など作者の個性が発揮されている成果物には広く発生する権利。他人が無断で複製、販売、インターネット配信などを行った場合は著作権侵害となり、差止めや損害賠償の請求が可能です。

● 著作者人格権

著作権の対象となる成果物（著作物）に発生する権利。著作権が著作物を財産的に利用する権利であるのに対し、著作者人格権は著作物の作者の人格的な利益を保護するための権利であるという点が異なります。著作物を公表するかどうかを決める権利（公表権）、著作物に作者の名前を表示させる権利（氏名表示権）、著作物を無断で改変されない権利（同一性保持権）が含まれます。

● 商標権

ロゴや社名・商品名など商品やサービスをあらわす商標を独占的に使用することのできる権利。ロゴやデザインを作っただけでは発生せず、商標登録を行うことで権利が発生します。

● 意匠権

商品の形状やデザインを独占的に使用できる権利。意匠権も商標権と同じくデザインを作り出しただけでは足りず、意匠登録を行うことで権利が発生します。

● 特許権／実用新案権

先進的なアイディア（発明や考案）を独占的に使用することのできる権利。これもアイディアを考え出すだけでなく、それを登録することで権利として認められます。

上記の権利のうち、特許権・実用新案権はクラウドワーカーが通常請け負う業務で問題となることはほとんどありません。デザイン系の仕事の場合、商標権や意匠権が問題となるケースもありますが、これも例外的といえます。

💡トラブルになりやすいのは著作権と著作者人格権の取扱い

これはワーカーが業務上制作する成果物には広く発生する可能性がある権利です。重要なのは、**著作権と著作者人格権はクライアントが成果物について報酬を支払ったからといって当然にワーカーからクライアントに移転するわけではない**という点です。つまり、納品完了後もこれらの権利はワーカー側に残っている場合があります。

しかし、クライアントとしては、成果物をできるだけ自由に使いたいという希望があり、ワーカーに対して著作権の移転を求めてくることもあるでしょう。また、成果物の著作権が原則としてワーカーからクライアントに移転するというルールになっているサイトもあります。

ワーカーとしても、自分の作った「作品」である成果物について一定の権利を確保しておきたいという希望を持つ場合があります。たとえば、デザイナーであれば成果物であるデザインをそのままの形で使ってほしい（改変してほしくない）場合もあるでしょうし、使用するときは自分の名前をクレジット（表記）してほしい場合もあるかもしれません。

特にキャラクターデザインなどの場合、ワーカーが制作したデザインをクライアントが大々的に活用して一大人気コンテンツを作り上げるということもあり得ます。たとえば、熊本県の「くまモン」のように全国的に有名なキャラクターに成長すれば、そのデザインが有する経済的価値は莫大なものとなります。ところが、受注時の契約次第ではワーカーには数万円、場合によっては数千円程度の報酬しか支払われていないというケースも十分起こり得るのです。

　以下のように契約条件を取り決めておくと、キャラクターに人気が出て、クライアントが当初予定していた商品以外にも使いたいと考えた場合は、ワーカーに改めて許可を得る必要が出てきます。

お手本　依頼時の内容以外での使用に許可を求めたい場合の文例

> 成果物であるデザインの著作権は当方に帰属します。クライアント様による当該デザインの使用については貴社の商品○○への使用に限り許諾します。クライアント様がそれ以外の用途で当該デザインを使用することを希望する場合は別途協議の上、許諾を得ていただきます。

　クライアントがワーカーから許可を得る必要があるということは、追加料金（ロイヤルティ）について交渉する機会があるともいえます。

例　納品時にすべての権利をクライアント譲渡した場合

| キャラクターデザインの仕事を受注 | 納品後、すべての権利をクライアントに譲渡 | 関連商品の売り上げが10億円の売上を突破 | ワーカーにキャラクターデザインの料金以外の報酬はなし |

例　納品時に著作権及びデザイン使用を制限した場合

| キャラクターデザインの仕事を受注 | デザインを使用した商品の売上の1%をロイヤルティとして受け取る条件で合意 | 関連商品の売り上げが10億円の売上を突破 | ワーカーは1,000万円のロイヤルティを受け取ることができる |

　このように、受注時の取決め次第でワーカーが手にすることのできる経済的利益に大きな違いが生じ得るため、ワーカーが案件を引き受ける際には納品後の成果物の取扱いについて慎重に検討する必要があります。

💡交渉は成果物が商品化・実用化の前に行うことが得策

　商品化・実用化されて成果物の経済的価値が高いとわかれば、クライアントは自社の利益を確保するために強硬な態度で交渉に臨んでくることが予想されるためです。一方、商品化・実用化前であればフラットな状態で交渉を進めることができ、クライアントとしても将来成果物をどのように使うかまでは頭が回らないことが多いため、結果的にワーカー側に有利な条件で契約を結べる可能性が高いです。

Ⅶ　主要４カテゴリの成果物における 取扱いの具体例

　以下の４つのカテゴリごとに、著作権その他の権利の扱いについて、受注時にどのような点に注意して交渉を進めるべきか、適宜具体的な文例を示しつつ解説していきます。

🎨イラスト・ロゴ・デザイン制作（☞ P.85 ～）

♪音楽制作・ナレーション・音声収録（☞ P.99 ～）

✏️ライティング・翻訳・記事執筆・キャッチコピー（☞ P.104 ～）

🖥️プログラミング・ソフトウェア開発・Web サイト制作（☞ P.109 ～）

※　「動画制作・編集」については、「イラスト・ロゴ・デザイン制作」「音楽制作・ナレーション・音声収録」の２つを合わせて参照することで、対応できます。

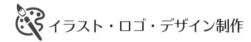

🎨 イラスト・ロゴ・デザイン制作

🎨 取扱いのポイント

（1）💡 利益の還元を得られるように著作権を処理

（2）　著作者人格権を有効活用

（3）　制作実績として公開できるよう事前に取決め

（4）　商標出願や登録に関して事前に取決め

（1）　利益の還元を得られるように著作権を処理

　ロゴやキャラクターのデザイン、イラスト制作の場合、成果物について制作者であるワーカーに著作権が発生します。著作権の処理には大きく分けて3パターンあり、どう処理するかが最も重要です。

💡 著作権の処理の仕方でワーカーの優位性が異なる

① 　著作権をワーカーからクライアントに譲渡する方法
② 　著作権はワーカーが保持しつつ、クライアントに無制限的な広い利用を許諾する方法
③ 　著作権はワーカーが保持し、かつクライアントには限定的な利用を許諾する方法

	不利←―――――ワーカーにとって―――――→有利		
著作権の処理	①著作権を譲渡	②著作権を保持・無制限的な広い利用を許諾	③著作権を保持、限定的な利用を許諾
クライアントによる転用	ワーカーの許可なく可能		ワーカーが拒否すれば不可能
第三者による使用	クライアントが認めれば可能	ワーカーが許可すれば可能	
利用の仕方に関する申し立て	著作者人格権に基づけば不可能ではない		
ワーカーの実績として公開	原則不可能	取決めは必要だが、不可能ではない	

　①が最もワーカーに不利、③が最も有利な条件となります。
　それぞれの処理の仕方をした場合に制作者であるワーカーがどのような立場に立つことになるかをおさえておきましょう。

①　著作権をワーカーからクライアントに譲渡する方法

　成果物の著作権はクライアントのものとなり、基本的に自由に利用されることになります。ワーカーは著作権をクライアントに譲渡してしまっているため、何も文句を言うことができないのが原則です。

　また、ワーカーに著作権がないので、自分が作った作品であってもクライアントの許可なく利用はできません。制作実績として成果物を公開することもできず、クライアントに無断で行ってしまうと差止めや損害賠償請求を受けることになります。

　ただし、後述するように、著作権を譲渡してしまっても**著作者人格権は制作者であるワーカーに残るので、一定の範囲でクライアントの成果物の利用の仕方について物申すことができる**場合はあります。

②　著作権はワーカーが保持しつつ、クライアントに無制限的な広い利用を許諾する方法

　これは著作権をワーカー側に残す、つまり**成果物納品後もワーカーは著作権者の立場であり続ける点**で①と異なります。もっとも、クライアントによる成果物の利用に対しては全面的に許可を与える形をとるため、①と同じようにクライアントは成果物を様々な用途に自由に利用可能です。

　①との違いが生じるのは、クライアント以外の第三者が登場した場合です。たとえば、**第三者が成果物を無断使用した場合、この行為はワーカーの著作権を侵害するため、ワーカーが第三者に対して使用の差止めや損害賠償の請求を行うことができます。**

　ワーカーが許可しているのはあくまでもクライアントによる使用だけなので、別の第三者に対しては権利行使ができます。また、クライアントに対して、著作者人格権に基づく請求が可能な場合があります。

③　著作権はワーカーが保持し、かつクライアントには限定的な利用を許諾する方法

　③はワーカー側に最も有利な条件です。この場合、②と同様、著作権はワーカーが保持しているため、第三者による無断使用に対してワーカーは権利行使できます。

　加えて、クライアントによる成果物の使用方法に対しても著作権者としての主張が可能となります。交渉がまとまらなければデザインを使うことができないので、ワーカーは有利に交渉を進めることができるでしょう。また、③の場合でもクライアントに対して著作者人格権に基づく請求を行う余地があります。

例　商品パッケージの納品時に成果物の限定的な利用を許諾した場合

商品Aのパッケージに限り、クライアントにデザインの使用を許可	商品Bにも使いたいとき、ワーカーに許可を求める	「別途デザイン使用料が必要」として交渉	合意して使用を許可、ロイヤリティを得る
			合意せず、使用を不許可

　このように、成果物に対するワーカーの権利の強さという点で見ると、③の条件で契約をするのが得策といえます。

💡 著作権の譲渡をオプションにして収益化する戦略もあり

①の条件を選択して**クライアントに著作権を譲渡するかわりに追加料金をもらう**というビジネス戦略もあり得ます。クラウドワーカーとして働いているデザイナーやイラストレーターには、「著作権譲渡オプション」等を設け、案件の単価を上乗せしている人もいます。

著作権の扱いは案件ごとに自身のビジネス戦略に基づいて判断すべき問題ですが、いずれにしても著作権の処理の仕方にはパターンがあること、パターンごとの法的効果を理解することが大切です。クライアントに条件提示を行うときは、次の文例を参考にしてください。

お手本　著作権についてワーカーに留保する場合の文例

制作したイラストの著作権は当方が引き続き保有するものとし、お申し出のあった商品Ａパッケージへの使用を許諾する形といたします。他の用途でご使用になる予定がある場合は、発注前にご指定くださるようお願いいたします。

お手本　著作権についてワーカーに留保し、クライアントによる
　　　　利用可能なケースを詳細に取り決める場合の文例

制作したイラストの著作権は当方が引き続き保有するものとします。
クライアント様にてイラストをご使用になれる範囲は以下の通りです。
①　商品Ａパッケージへの使用
②　商品Ａの宣伝広告への使用（💡ただし、テレビCMは除く）
③　上記①及び②の使用に必要な範囲でのデザインの改変

💡 使用の規模が大きい場合は別途使用料を請求する可能性を示す

上記の文例では、商品の宣伝広告での使用について「ただし、テレビ CM での使用は除く」という限定を付しています。このようにデザインの露出の規模が大きくなる場合には当初の使用許諾には含まず、別途使用料請求の可能性を残しておくケースもあります。

文例のように広告媒体（テレビ CM 等）で限定をつけるほか、たとえば「配布部数 10,000 枚を超えるポスター、チラシ、DM 等での使用は除く」というように宣伝広告の発行枚数などで限定をつけておく方法もよく見られます。

こうした条件をつけておくことで、デザインの人気や知名度が上がって大々的な使用がされるようになった場合にワーカー側から利益の還元を求める根拠とすることができます。

お手本 著作権譲渡をオプションとして条件提示する場合の文例

制作したイラストの著作権は当方が引き続き保有するものとします。お申し出のあった A の商品パッケージ以外の用途でもご使用される可能性がある場合には著作権譲渡オプション（〇円）をご利用ください。

（2） 著作者人格権を有効活用

著作物の作者には、著作権に加え、著作者人格権という権利も発生します。著作者人格権は「作品を作り出した作者の人格的な利益を保護するための権利」と位置付けることができ、自分が生み出した創作物への作者の愛着や心情を保護するための権利といえます。

　重要なのは、著作権が誰にあるかとは関係なく、著作者人格権は成果物を作り出したワーカーに認められるということです。たとえば、成果物の著作権をクライアントに譲渡する契約条件だったとしても著作者人格権はワーカーに残り続けます。

　「でも、著作権と合わせて著作者人格権もクライアントに譲渡してしまえるのでは？」と思う人もいるかもしれません。しかし、著作権と異なり、著作者人格権は譲渡することのできない権利です。**「人格権」という言葉の通り、著作者人格権は作者の人格的な利益と結びついた権利なので、他人へ譲渡できない**ことになっているのです。

　そのためワーカーは、たとえ著作権をクライアントに移転してしまったとしても、クライアントや第三者に対して、「この作品は公表されたくない」、「公表するときは必ず私の名前をクレジットしてほしい」、「私が認めない限り作品の改変はせず、必ずそのままの形で使ってほしい」と主張できるのが原則です。

　もっとも、この原則を貫くと、クライアントによる成果物の利用が大幅に制約されることになります。そのため、多くのクラウドソーシングサイトではワーカーによる著作者人格権を制限するルールを利用規約で定めています。

　以下のような規約があるサイトでは、ワーカーがクライアントに成果物の著作権を譲渡した場合、その成果物についてワーカーは著作者人格権を行使できません。

> ワーカーは、本取引によって知的財産権をクライアントに譲渡した成果物につき、クライアント又はクライアントの取引先に対し、**著作者人格権を行使しないものとします。**　　　　（CrowdWorks 利用規約 17 条 3 項）

　このような規約があるサイトで、ワーカーとクライアントとの間の取決めによって**成果物の著作権がクライアントに譲渡される**ことになっていた場合には、**ワーカーはクライアントに対して公表権、氏名表示権、同一性保持権は主張できません。**

　こうしたルールがあることにより、著作権の譲渡を受けたクライアントは成果物を自由に公表できますし、それを利用するにあたってサイズ変更、トリミング、色調の調整といった改変も自由に行うことができます。そして、成果物を使用する際に、必ずしもワーカーの名前をクレジット表記しなくてよいことになります。

　イラストやデザインの制作請負の場合、こういうデフォルト・ルールがあるのはワーカー側にとってかなり想定外かもしれません。特に、創作性・芸術性が高いイラスト制作などではイラストレーターには「作者名は必ずクレジットしてほしい」などの希望があることが多いはずです。クリエイターとしての知名度を高めるためにも作者名を表記してもらうことは重要です。

　そのため、上記のようなルールが存在することを踏まえ、受注の段階でクライアントとの間で著作者人格権について取決めを行っておくことがワーカーの利益を守るために大切になってきます。
　ワーカーの希望別に契約時のやりとりの文例を挙げてみましょう。

お手本　クレジット表記の権利を保持する場合の文例

> 納品したデザインについては当方が著作権を引き続き保持するものとします。本デザインをクライアント様が使用される場合、作者のクレジット表記は必須となりますのでご了承ください。

　一方、クレジット表記を省く場合には有料のオプション対応となるとの契約条件を提示する場合には次のような文例も考えられます。

お手本　クレジット不表記のオプションを提示する場合の文例

> 納品したデザインについては当方が著作権を引き続き保持するものとします。本デザインをクライアント様が使用される場合、作者のクレジット表記が必要となります。クレジット表記の省略を希望される場合は有料のオプション（〇円）となります。オプションのご指定があればお知らせください。

　改変についても禁止することを明示する場合は、次のような文例を使うとよいでしょう。これはワーカー側にデザインやイラストに対するこだわりが強く、納品したものをそのまま使ってほしいという希望がある場合に使うとよい文例です。

お手本　改変禁止を明示する場合の文例

> 納品したデザインについては当方が著作権を引き続き保持するものとします。本デザインの使用にあたっては作者のクレジット表記が必要となるほか、デザインの改変も禁止させていただきますのでご了承ください。

　ただ、改変を一切禁止してしまうとクライアント側で成果物を利用しにくくなるため、契約条件に対して難色が示されるかもしれません。

　そこで、クライアントによる一定の範囲での改変は許可するという条件を提示することも考えられます。次の文例のような条件提示であればクライアント側にも受け入れてもらいやすいでしょう。

お手本　クライアントによる一定の範囲での改変を許可する文例

> 納品したデザインについては当方が著作権を引き続き保持するものとします。本デザインの使用にあたっては作者のクレジット表記が必要となるほか、デザインの改変も禁止させていただきます。
> ただし、クライアント様が**本デザインを商品Aパッケージ及びその広告に使用する際に必要となるサイズ変更、トリミング、軽微な色調の変更・修正については可能**です。

　ここまで見てきたのはいずれも著作権をワーカー側に保持する場合の文例でした。前述した「著作権を譲渡する場合にはワーカーは著作者人格権を行使できない」という利用規約がある場合を前提に、それに対応して著作権を譲渡しないという契約条件にしたものです。

　しかし、こうしたクラウドソーシングサイトの利用規約で定められたルールは絶対というわけではなく、ワーカーとクライアントとの間で特別な取決めを行わなければそのルールが適用されますが、当事者間で異なる契約条件で合意することまでは禁止されません。

　そのため、たとえば、「著作権はクライアントに譲渡するが一定の範囲でワーカーはクライアントに対して著作者人格権を行使できる」という契約条件で依頼を受けることは可能ですし、実際そうした条件で取引が行われるケースは多いのです。

　「制作した成果物の著作権はクライアントに渡してもいいが、クレジット表記だけはしてもらいたい」、「少なくともクライアントによる自作発言は禁止したい」という希望を持つイラストレーターやデザイナーは多いでしょう。その場合、次のように条件を提示しましょう。

お手本　著作権は譲渡するがクレジット表記はしてもらう場合の文例

> 納品したデザインの著作権はクライアント様に譲渡しますが、デザインを使用される際は作者名のクレジット表記が必要です。クレジット表記を省略されたい場合は有料のオプション（〇円）となります。オプションのご指定があればお知らせください。

お手本　著作権は譲渡するが自作発言は禁止する場合の文例

> 納品したデザインの著作権はクライアント様に譲渡しますが、自作発言は禁止させていただきますのでご了承ください。

（３）　制作実績として公開できるよう事前に取決め

　ここからは、クライアントによる成果物の利用ではなく、ワーカー側が「制作実績としての公開」などを目的に成果物を利用したい場合の契約条件について解説します。

　特にデザイナーやイラストレーターにとっては、過去の作品はそのまま自分の能力や作品のテイストを知ってもらうためのポートフォリオとして機能しますから、納品済みの成果物を制作実績として公開したいという希望は強いはずです。

　まず、クライアントとの間で何も取決めを行わなかった場合、納品済みの成果物を制作実績として公開する権利が必ずしもあるとはいえません。クライアントとの契約で著作権を譲渡した場合、クライアントに無断で作品を公開（たとえばインターネット上にアップロード）する行為はクライアントの著作権を侵害する行為となってしまいます。

　一方、著作権をクライアントに譲渡しなかった場合に実績公開ができるかというと、実は微妙な問題です。なぜなら、クライアントとの間で契約条件として明示されていなかったとしても、暗黙の契約条件として「成果物を公開できるのはクライアントのみ」という取決めになっていたと解釈されてしまう可能性があるからです。

　明示的な取決めがない以上、逆に「成果物の実績公開は禁止されていない」と解釈される余地もあるものの、認識に食い違いがあるとトラブルの元となります。そのため、著作権をクライアントに譲渡しない場合であっても、作品を実績として公開する希望を持つワーカーはあらかじめクライアントから了解を得ておくことが得策といえます。

お手本　実績公開ができるようにしておく場合の文例

> 納品したデザインについては制作実績として当方の Web サイトその他インターネット上に公開する場合がありますのでご了承ください。

お手本　実績非公開についてはオプション対応とする場合の文例

> 納品したデザインについては制作実績として当方の Web サイトその他インターネット上に公開する場合があります。実績公開を不可とされる場合はオプション（〇円）対応となりますのでご購入を検討ください。

（４）　商標出願や登録に関して事前に取決め

　デザイン系の案件に特有の問題として、商標出願と登録の問題が挙げられます。商標は、企業名のロゴやマークを特許庁に出願することで、特定の商品やサービスをあらわす印として独占的に使用できる仕組みです。たとえば有名コーヒーショップチェーンであるスターバックスコーヒーの人魚を模したマークは商標登録されているため、商標権者であるスターバックス以外がこれと似たマークを喫茶店やコーヒー豆の販売の事業で使うことはできません。

　企業ロゴや新商品、新サービスのデザインの依頼の場合、クライアント企業は作ってもらったロゴやマークについて商標出願することを検討しているケースも多いはずです。しかし、出願された商標が実際に登録できるかどうかは特許庁の審査によるため、必ず登録が認められるとは限りません。たとえば、「すでに登録済みの商標と類似している」といった理由で商標出願が拒絶される可能性もあります。

　デザインを生業とするワーカーであれば、他人が作ったデザインの盗作を行ってはならないのは当然ですが、盗作や模倣をしていなかったとしてもすでに登録済みの商標と偶然似てしまうことはあり得ます。

　そうならないようにすでに他の人が出願している商標と似ていないかどうかを調べた上でデザイン制作を行うことも考えられますが、出願・登録中の商標は膨大にありますし、法的に類似しているかどうかの判断は弁理士など商標法の専門家でないと正確に行うことが難しいでしょう。そのため、納品した成果物が商標登録を取れるかどうかをワーカーの側が保証するのは非常にリスキーといえます。

　成果物の納品後に「商標登録が取れなかった」として代金の返金や損害賠償を請求されないようにするためには、受注時に次のような文言でクライアントの了承を得ておくことが大切です。

お手本　商標登録ができるかどうかについて責任を負わないことを明示する文例

> デザインの制作にあたり他人の作品の模倣や盗作を行わないことをお約束します。ただし、商標登録については特許庁の審査によるものであり、成果物であるデザインが商標登録を受けられることを当方が保証することはできませんのでご了承ください。

　また、イラスト制作の場合、納品したイラストをクライアントが勝手に図案化するなどして商標出願することをあらかじめ禁止しておいたり、商標出願を行う場合にはオプション料金を求めるといった形にする場合もあります。

　特に、イラストレーターや漫画家が知名度のある自作のキャラクターを使用したイラストの制作を請け負う場合、そのキャラクターで商標を取られてしまうとその後のビジネス展開がやりにくくなりますからクライアントによる商標出願を制限しておくのがよいでしょう。その場合、次のような文例が使えます。

お手本　クライアントによる商標出願を禁止する文例

> 納品した成果物自体またはこれをもとに図案化を行うなどしたものを商標出願することはできませんのでご了承ください。

音楽制作・ナレーション・音声収録

♪取扱いのポイント

（1）　商用利用の内容を具体化した上で認めるか判断

（2）　歌モノの音源の場合、歌詞と楽曲それぞれの扱いを明確化

　クラウドソーシングで作曲や音源制作など音声に関する仕事を引き受ける場合も基本的な留意事項はデザイン・イラストの場合と同様です。成果物の著作権と著作者人格権、及び実績公開についてご自身のビジネス戦略を踏まえてきちんと条件提示を行うようにしましょう。

　なお、2014年の法改正でメロディなど音でも商標を取得できる制度が創設されています。たとえば、大幸製薬のラッパのメロディなどが実際に音の商標として登録を受けています。企業からCM等に使用する音源の制作を依頼された場合は、このような音の商標の問題が生じる可能性もあります。

　以下では、特に問題になりやすい点に絞って解説します。

（1）　商用利用の内容を具体化した上で認めるか判断

　音楽の場合、商用利用の可否という観点から契約条件を考えることがあります。たとえば、作曲の仕事であれば、「納品した音源を動画サイトにアップロードするのは可能だが、音源を収録したCDを販売したり音源自体をダウンロード販売したりすることは認めない」といったケースです。

商用利用に関して取決めを行う場合に重要なのは「商用利用」の中身について明確にすることです。なぜなら、一口に商用利用といっても意味するところは人によってまちまちであるのが現状だからです。

「商用利用」で考えられる利用方法は?

- 営利目的の事業主や企業、団体が使用する場合すべて
- 収益が発生する利用の仕方である場合
- 例 YouTube 等動画の収益化などで得られる広告収入＝商用利用
- CD やダウンロード販売など直接の売上が発生する場合
- 売上の規模によって商用利用となるかどうかが異なる
- 例 いわゆるサークル活動、同人活動の範囲内≠商用利用

このように商用利用の解釈が多義的であるため、「商用利用は不可」という条件で依頼を引き受けたとしても、ワーカーとクライアントそれぞれの頭の中にある「商用利用」の意味が異なり、後でトラブルになるおそれがあります。そのため、依頼を受注する際は「商用利用」の中身を具体的に記載することが大切です。

たとえば次のような条件提示の仕方をすることで、成果物の利用可能な範囲について疑義が出にくくなるでしょう。

お手本 営利の事業に用いることを広く禁止する場合の文例

納品した音源は個人の私的利用の範囲でのみお使いいただけます。法人・個人を問わず営利の目的で使用することはできません。営利目的での使用をされる場合は商用利用オプション（〇円）をご購入ください。

お手本　動画サイトなどでの広告収益を得ることは可能とする文例

納品した音源については個人・法人を問わず営利目的での利用は不可と

します。ただし、YouTube その他の動画共有サイトに音源を使用した

動画をアップロードして広告収益を得ることは可能とします。その他の

営利目的での使用を希望される場合は商用利用オプション（〇円）をご

購入ください。

お手本　音源の販売のみ禁止する文例

納品した音源については、CD 販売、ダウンロード販売などその販売形

態を問わず販売することは禁止します。販売を希望される場合は商用利

用オプション（〇円）をご購入ください。

（2）　歌モノの音源の場合、歌詞と楽曲それぞれの扱いを明確化

作曲など音源制作の依頼には、歌の入らないインストゥルメンタル（インスト）音源の制作依頼だけでなく、ボーカルの入るいわゆる歌モノの音源の制作もあります。インスト音源の場合、その楽曲を制作した作曲者の著作権だけを考えればよいのですが、歌モノの場合は歌詞を作った作詞者の著作権も問題となります。

たとえば、クライアントが用意した歌詞をもとに作曲を行う方法（いわゆる「詞先」）で制作する場合、完成した楽曲は歌詞と音楽の組合せとなります。このとき、歌詞には作詞を行ったクライアント（またはクライアントが依頼した第三者）の著作権が、歌詞を除く楽曲のメロディ等には作曲を行ったワーカーの著作権が発生します。

例　歌詞（著作権者が別）つきの楽曲を実績として公開する場合

```
クライアント          歌詞を        著作権者は、      クライア         問題なし
が歌詞を作成          もとにした    作詞者（クラ     ントから
                      作曲を        イアント）と     許可を得
クライアント          ワーカーに    作曲者（ワー     て、歌詞       著作権侵害を
が依頼した            依頼          カー）           つきの楽曲     理由として差
第三者が歌詞                        著作権者は、      をインター     止めや損害賠
を作成                              作詞者（第三      ネット上で     償の請求を受
                                    者）と作曲者      実績公開       けるリスク
                                    （ワーカー）
```

歌モノの音源には、作曲者のほかに作詞者の著作権も問題となるため、
依頼を受ける際にはその点も考慮の上、契約条件を取決めしておく必要
があるでしょう。

次のような文例でクライアントに条件提示することが考えられます。

お手本　作詞者から実績公開について許可を得るよう求める文例

> 納品した音源については、制作実績として当方の Web サイトその他イ
> ンターネット上に公開する場合があります。この点につき作詞者様から
> も了承を得ていただくようお願いします。もしこの点につき了承が得ら
> れない場合は実績公開ができない案件となりますので、オプション（○
> 円）対応となることをご承知おきください。

　もしくは歌詞を除いた音源を実績公開できる条件で契約を行うこと
も考えられます。たとえば、歌メロの部分を「ラララ」など、歌詞を
使わずに歌った音源や、ピアノやフルート等の音色でメロディライン
をなぞった音源として公開する場合です。このようなケースでは次の

ような条件提示を行うとよいでしょう。

お手本　歌詞を除く音源を実績公開できるよう依頼する文例

> 納品した音源については、制作実績として当方の Web サイトその他インターネット上に公開する場合があります。この場合、ボーカルのメロディについては歌詞を使わずに適当な楽器の音色等で再現した音源を別途制作の上、公開することとします。

　以上で説明した通り、音楽制作における商用利用についてはデザインやイラスト以上にシビアな問題となる可能性があり、作詞者などワーカー以外の権利者が関わってくることもあるため、注意が必要です。

　音楽制作の依頼は成果物である楽曲の人気が出た場合、その経済的価値がかなり高くなることもあり得ます。そのため成果物の著作権の処理には気を使ったほうがよいでしょう。著作権をクライアントに渡してしまってよいかは慎重に判断する必要があります。また、楽曲がヒットした場合に自分の実績であることをきちんとアピールできるようにクレジット表記や実績公開についても十分検討した上でクライアントと契約条件を合意しておくようにしましょう。

ライティング・翻訳・記事執筆・キャッチコピー

✒️取扱いのポイント

（1）　Web 記事のライティングでもクレジット表記は可能
（2）　短いフレーズについては著作権が発生しない点に注意
（3）　翻訳元の文章の著作権の問題について事前に取決め

　記事の執筆（ライティング）や翻訳の場合、成果物は文章ということになります。文章についても当然ながら著作権が発生する可能性があります。そのため、デザインや音制作と同様に著作権や著作者人格権について取決めを行っておく必要があるでしょう。

　以下でライティングや翻訳に特有の留意事項について解説します。

（1）　Web 記事のライティングでもクレジット表記は可能

　インターネット上のサイトに公開される Web 記事の場合、専門家が執筆者となるときは別として、ライターのクレジット表記が行われないケースが多いです。

　ただ、これはそういうルールになっているというものではなく、**クライアントと交渉してライターの名前をクレジットしてもらうことも可能**です。

　もちろん実際にクレジット表記してもらえるかはクライアントとの交渉次第ではありますが、ライティングを本業としているワーカーにとって制作した記事は実績に他ならないため、可能な限りクレジット

表記をしてもらったほうがよいでしょう。

　また、記事中にクレジットはしてもらえない場合でも、**ワーカーの****プロフィールページやサイトから制作した記事へのリンクを貼ること****は許可してもらえる**場合があります。他のクライアントから案件を受注する際のポートフォリオになるため、交渉してみましょう。

（2）　短いフレーズについては著作権が発生しない点に注意

　Web 記事などそれなりに分量のある文章であれば、著作権は間違いなく発生しますが、キャッチコピーのような一文や一言レベルの短い文章の場合、著作権が発生しないケースもあります。なぜかというと、著作権というのはその表現を独占することが可能となる強力な権利であるため、あまりにも短い文章にまで著作権が発生すると、他の人がその表現を使えなくなって困ることになるからです。

　たとえば、川端康成の『雪国』の冒頭の一文、「国境の長いトンネルを抜けると雪国であった。」はどれだけ文学的に優れた文章だったとしても、それ単体では著作権が発生するとはいえません。この一文に著作権が発生してしまうと、「国境にある長いトンネルの先は雪国になっていた」という情景を描写できるのが川端康成だけになってしまうからです。

　クラウドワーカーが引き受ける仕事の中には、商品やサービスのキャッチコピーを考えるものもあります。キャッチコピーは通常１文、長くても２、３文の短いフレーズですから、どれだけ秀逸な表現だったとしても著作権が発生しない可能性があります。著作権が発生しない成果物には著作者人格権も発生しません。

　著作権や著作者人格権が発生しないということはキャッチコピーの無断使用などに対して権利侵害を主張することはできないということです。これはコピーライティングを生業とするワーカーにとっては非常に不利な点といえます。

　もっとも、著作権や著作者人格権が発生しないからといってワーカーの側に自分の利益を守る手段が皆無かというと決してそんなことはありません。なぜかというと、**著作権や著作者人格権がなくてもクライアントとの間で取決めを行うことで成果物の使い方をコントロールすることが可能**だからです。

例　依頼時に設定した用途以外で使用しないと取り決めた場合

```
ワーカーが
商品Aの
キャッチ
コピーを
制作
```
→
```
キャッチコピーの利用は
「・商品Aの広告でのみ
　・フレーズの無断改変は
　　認めない
　・キャッチコピーを使った
　　広告で作者をクレジット
　　表記する」
という条件で合意
```
→
```
商品Aの広告には
クレジットが記載される

姉妹品の商品BのPRに
商品Aのキャッチコピー
をもとにしたフレーズは
利用できない
```

　このように成果物の利用について取決めすることで、ワーカーに著作権や著作者人格権がなくても、クライアントは条件を守る義務を負うことになります。契約で決まった事柄をクライアントが破れば契約違反の責任を負うことになります。

　逆に言うと、キャッチコピーなど著作権等が発生しない成果物についてワーカーが自分の利益を守るためには、クライアントとの間でき

ちんと取決めをしておく必要があるということです。著作権や著作者人格権が発生しない以上、クライアントとの間で取り決めた契約条件がすべてとなるからです。

　そのため、キャッチコピーなどのライティングの仕事を請け負う場合は、以下の文例のように成果物の使用条件について詳細な条件提示を行った上で契約を行うべきでしょう。

お手本　キャッチコピーの取扱いにおいて条件提示をする文例

> 納品したキャッチコピーの取扱いについては以下の通りとなります。
> ①　クライアント様による商品Aの宣伝広告（テレビCM及び発行部数10万枚を超えるチラシ、ポスターなどの紙媒体での宣伝広告を除く）についてのみ使用することができます。
> ②　クライアント様がキャッチコピーを掲載する場合、作者名をクレジット表記するものとします。また、自作発言は禁止いたします。
> ③　キャッチコピーについては制作実績として、当方のWebサイトその他インターネット上で公開させていただく場合があります。
> ④　・・・・・・

（3）　翻訳元の文章の著作権の問題について事前に取決め

　翻訳の依頼の場合、通常のライティングと異なる問題があります。それは翻訳元となる文章の著作権の問題です。

　たとえば、アメリカの作家であるスティーブン・キングの小説を翻訳する場合、英語で書かれた小説の原文には作者であるスティーブン・キングの著作権が発生しています。この場合に作者の許可なく小説を

日本語訳してしまうと、翻訳者が作者から著作権侵害の責任を問われるおそれがあります。

　大手の出版社からの出版翻訳の依頼であれば、翻訳について許可を得た上でのオファーがほとんどでしょうからあまり問題にしなくてもよいですが、クラウドソーシングサービスでの依頼の中には原文の著作権処理を適切に行っていないものや、そもそも著作権に無頓着なまま依頼を行うものも十分あり得ます。これは翻訳者であるワーカーにとって大きなリスクとなります。

　そのため、翻訳の依頼を受ける際には以下のように原文の著作権処理について確認しておくのが得策です。

お手本　原文の著作権を侵害していないことの確認を求める文例

> 本件の依頼を引き受けるにあたり以下の事項をご確認ください。
>
> これは翻訳のご依頼をいただく場合にどのクライアント様にも必ずご確認いただいている事項となりますので、不躾ですがご確認の程よろしくお願いいたします。
>
> ・翻訳元となる文章の著作権者及び作者から翻訳につき許可を得ていること
>
> ・万一著作権者等から本件の成果物につき権利侵害に基づく請求が行われた場合はクライアント様にて責任を持ってご対応いただくこと

🖥 プログラミング・ソフトウェア開発・Web サイト制作

　Web サイト構築やソフトウェア開発などのプログラミング系の仕事でも著作権は問題となります（著作権法 10 条 1 項 9 号）。

　一口にプログラムといっても、著作権が発生しないものもあります。

著作権の対象とならないプログラムは?

- プログラム言語

  例 C 言語、Java、Python、PHP　など

- 規約

  例 インターフェースやプロトコル規定　など

- 解法

  例 アルゴリズム

著作権の発生・例外の考え方は?

- 著作権の発生は💡プログラマーの個性が発揮されたプログラムに限定される

- 💡互換性や改良が目的の場合、同一性保持権の行使は適用外

💡プログラマーの個性が発揮されたプログラムに限定

　プログラムの著作物として保護の対象となるのは、いわゆるソースコードと呼ばれるものがメインとなります。ただ、著作権が創作的な表現を保護するための権利である以上、どのプログラマーが書いても同じような書き方になるコードには著作権が発生しません。プログラムについて著作権が発生するかは、コーディングの仕方にプログラマーの個性が発揮されているかを個別に見て判断されることになります。

💡互換性や改良が目的の場合は同一性保持権の行使は「不可」

プログラムの著作物についても著作者人格権（公表権、氏名表示権、同一性保持権）は認められるものの、異なるコンピュータ（OS）で互換性を持たせるための改変や、より効果的に実行できるようにするための改良については同一性保持権が及ばず、こうした改変は作者であるプログラマーの許可がなくても自由に行えるとされている点に注意が必要です（著作権法20条2項3号）。

このように、プログラムの著作物については特異な点が多く、プログラミングを仕事とするワーカーが自分の利益を守るためにはクライアントとの契約がより重要な意味を持っています。

以下ではプログラミング系の仕事を引き受ける場合の成果物の取扱いに関して、留意しておくとよい事項を解説します。

🖥取扱いのポイント

（1）　成果物の使用を認める対象を制限

　①　著作権はワーカーが保持しつつ、クライアントに利用を許諾する
　　方法

　②　著作権をクライアントに譲渡する方法

（2）　システム改修や保守点検について事前に取決め

（1）　成果物の使用を認める対象を制限

プログラムやソフトウェアの開発を請け負う場合、他の仕事以上に「成果物を使用できるのは誰か」という点が重要となります。

　たとえば、クライアントの社内で使用するデータベースのシステム
を開発する仕事の場合で考えてみましょう。一般的な著作権の処理の
方法は、以下の①と②が考えられます。

①　著作権はワーカーが保持しつつ、クライアントに利用を許諾する
　　方法

　プログラムやソフトウェアの場合、汎用性が高いものであればクラ
イアントが関連会社や取引先などに共同利用させるケースがあります。

例　成果物のデータベースをクライアントが子会社や関連会社と
　　　共同利用しようとする場合のトラブル

> 作成していただいたデータベースをグループ会社でも使用
> することになりました。以下のサーバーからもアクセスでき
> るよう、権限を変更していただけますか?

> 利用を許諾したのはクライアント様だけですので、子会
> 社や関連会社での使用には応じられません。使うのであ
> れば別途使用料をいただきます。

> グループ会社との間で共同利用するのも自社
> の利用の一環で、契約時の許諾の範囲内で
> すよね。追加で使用料は払えません。

　このように、ワーカーとクライアントの間の認識にズレが生じやす
いことから、「誰が利用できるのか」という点について、受注時にきち
んと合意を得ておくことが後のトラブル回避の観点から重要となりま
す。

　たとえば、次のような条件提示を行うことで納品したプログラム等
の使用範囲を明確化できます。

お手本　プログラムの使用範囲をクライアント1社に限定する文例

> 開発するソフトウェアに関しては当方が著作権その他の権利を保持する
> ものとし、クライアント様の自社内における利用に関して許諾を行いま
> す。関連会社などに本ソフトウェアを利用させる場合や、共同利用を行
> う場合は別途使用料が発生しますのでご了承ください。

　こうした契約条件で了解を得ておくことで、納品後にクライアント
がその範囲を広げたいと思ったときはワーカーに使用料交渉の機会が
生じるためビジネス上のメリットも大きいといえるでしょう。

②　著作権をクライアントに譲渡する方法

　プログラムに関する権利はクライアントが取得することになり、子
会社やグループ会社、取引先に利用させたり、商品として販売するな
ど、基本的に自由に成果物を扱えることになります。

　加えて、プログラムの著作権をクライアントに譲渡してしまうと、
別の厄介な問題が生じる可能性があります。それは**納品したプログラ
ムと同一または類似のプログラムをプログラマーであるワーカーが以
降使用できなくなってしまう可能性がある**という点です。

　納品したプログラムの中に含まれているソースコードと同一または
類似のソースコードを流用して他のプログラムの制作に使用すると、
クライアントから著作権侵害に基づく請求を受ける可能性がありま
す。これでは以降のプログラミング業務の遂行に大きな足かせとなる
おそれがあるといえるでしょう。

　もちろん独自性や個性のないソースコードであれば著作権の対象にならないため、誰が書いてもほぼ同じになるコードや、一般に広く知られている汎用的なコードが使えなくなってしまうことはありません。とはいえ、過去に自分が書いたコードの一部が利用できなくなるのはプログラミングを本業とするワーカーにとっては決して小さくないリスクですから、クライアントにプログラムの著作権を譲渡する場合にはそのリスクを下げるために適切な条件交渉を行うことが大切です。

お手本　著作権を譲渡しつつソースコードの利用を確保する文例

> 制作・納品したソフトウェアの著作権はクライアント様に譲渡いたします。ただし、本ソフトウェアに含まれるソースコードその他のプログラムについては著作権譲渡後も♀当方及び当方が指定する第三者による利用が可能であるものとします。

♀クライアントからワーカー指定の第三者の利用許可も得る

　ワーカーとしては、制作したプログラムを自分で使用するよりも、他のクライアントに使用させる必要があります。「当方による利用」についてだけ許諾を得ていたとしても、他のクライアントによる利用が著作権侵害になってしまうと結局そのプログラムは他の案件で使えないことになってしまうため、文例のように「当方が指定する第三者」も利用可能であることを明示しておく必要があるのです。

（2）　システム改修や保守点検について事前に取決め
　プログラミング系の案件では、納品後に保守やシステム改修などを行うことが必要になる場合が多いです。必要性が生じたクライアントから改めて連絡があるのを待ってもよいのですが、システム開発の依

頼を引き受ける時点で、まとめて契約することで、ワーカーにとって
は案件終了後も持続的な収益を上げることができ、クライアントに
とってはシステムを開発した人間に保守対応までやってもらうほうが
スムーズなので、受注者・発注者双方にとってメリットがあります。

　そこで、定期的なメンテナンスや改修作業が必要になると見込まれ
る案件については、あらかじめ取決めを行ってもよいでしょう。

お手本　保守業務についてあらかじめ合意をしておく場合の文例

成果物であるプログラムについては、定期的な保守とアップデートが必
要になります。以下のような条件で保守業務についてもあらかじめ取り
決めておくのがよいと思いますが、いかがでしょうか。

■ 業務内容

　・・・・・・（※　作業内容を具体的に書く）

■ 作業時期

　💡**成果物納品後、6カ月ごと**

　ただし、緊急に対応が必要となった場合でクライアント様からのご要
　望があるときは別途協議の上、保守作業を実施します。

■ 料金

　保守作業1回1時間あたり〇円（税込）

　なお、超過作業が必要となる場合はクライアント様と別途協議の上料
　金を定めることとします。

■ 契約期間

　成果物納品後1年間

　ただし、期間満了の1ヵ月前までに当方及びクライアント様のどち
　らからも解約の申し出がない場合は同一の条件で1年間更新するも
　のとし、以降も同様とします。

💡作業時期まで明示しておく

「納品後6カ月ごとに保守点検業務を行う」のように具体的な時期を明示して契約条件を定めておくことで、ワーカーにとって、スケジュール調整がしやすく、売上が入るタイミングを予測できるという利点があります。

お手本　合意までは行わないが保守料金の目安を提示する場合の文例

> 成果物であるプログラムについては定期的な保守とアップデートが必要になります。当方に保守業務をご依頼いただく場合の料金は作業1回（1時間）あたり〇円（税込）が基本料金となりますのでご依頼の際は参考にしてください。

お手本　合意までは行わないが保守時期にワーカーから連絡をとることにつき了解を得ておく場合の文例

> 成果物であるプログラムについては定期的な保守とアップデートが必要になります。そのため、成果物納品後、概ね6カ月ごとに当方よりクライアント様に保守業務に関して💡ご連絡を差し上げるようにいたします。

💡クライアントとの直接取引が禁止事項に当たらないか確認

保守契約をクライアントとの間で締結する場合の注意点として、多くのクラウドソーシングサイトではサイトを利用して知り合ったクライアントと、サイトを介さずに直接契約や取引を行うことが利用規約で禁止されていることが挙げられます。クライアントとの間で成果物について保守契約を結ぶ場合もサイトを介さずに契約してしまうと、

この禁止事項に抵触することになります。

　第1章で解説した通り、主要なクラウドソーシングサイトではこうした直接取引に対して高額の違約金が課されることになっているため注意が必要です（☞ P.28）。サイトでの初回契約が終わった後はこうしたルールについてワーカーも気が緩みがちですし、システム手数料を節約したいクライアント側から直接取引を持ちかけられることもありますが、運営会社に発覚した場合のリスクが大きいため避けるのが無難です。

　サイトの中には保守契約のように長期かつ定期的な契約に対応できる取引類型を用意しているところもあるので、そういったものを利用し、サイトを介した契約となるように気をつけましょう。

第4章

納品するときのポイント

Ⅰ 基本的な納品の方法

　作業が完了した後は成果物の納品を行います。納品された成果物に対しては、クライアントが「検収」を行います。無事に検収された後に報酬の支払いを受け、契約は一応終了となります。スムーズに案件を完了させるために、以下のポイントをおさえておきましょう。

納品・検収時のポイント

（1）　納品前に契約条件や仕様を満たしているか確認
（2）　クライアントに納品したことを別途連絡

（1）　納品前に契約条件や仕様を満たしているか確認

　基本的なことですが、納品前に成果物がクライアントとの間で取り決めた契約条件や仕様を満たしているかを今一度確認しましょう。

　特にクラウドソーシングでは、データ（ファイル）で成果物を納品することが一般的です。ラフやドラフトなど複数のバージョンがある場合はファイル名に日付を入れるなど簡単に区別できるようにすると、ワーカーの手違いも防げますし、クライアントにもわかりやすいです。

（2）　クライアントに納品したことを別途連絡

　多くのクラウドソーシングサイトでは、「納品完了」ボタンなど納品を行うときに用いる特別のシステムや手順が用意されています。サイトの仕様に沿った形で納品しないと納品を完了したことにならず、クライアントによる検収作業も進まないので注意しましょう。

　サイトに応じた納品完了の手続きと合わせてクライアントに対して
は所定の連絡方法で納品を行った旨を通知し、検収を依頼するメッ
セージも送るとよいです。必須ではありませんが、この納品完了のメッ
セージとともに受注時に取り決めた契約条件を改めて列記するのもよ
いやり方です。たとえば次のような書き方が考えられます。

お手本　納品時に契約条件を確認する場合の文例

ご依頼いただいた成果物の制作・納品を完了いたしました。検収のほど
よろしくお願いいたします。

念のため受注時に合意いただいた契約条件を以下に整理させていただき
ますので、合わせてご確認ください。

- 依頼内容
  商品用ロゴ１点（カラー）の制作
- 料金
  制作基本料金　〇円
  商用利用可能オプション　〇円
- 納品後の成果物の取扱い
  成果物の著作権は当方に帰属しますが、クライアント様による商品
  Ａのパッケージ及び宣伝広告に自由にお使いいただけます。当該利
  用に必要な範囲でのトリミング、サイズ変更、色調変更等の改変が可
  能です。
  なお、本成果物については実績として当方の Web サイトその他イン
  ターネット上に公開させていただく場合があります。
  ・・・・・・（※　その他取決めのあった事項について列記する）

Ⅱ　クライアントの検収が遅れて いる場合の対応

　ワーカーが納品を完了してもクライアント側の検収が遅れ、なかなかプロジェクトが完了しないケースもあります。多くのクラウドソーシングサイトでは、クライアントによる検収完了後にサイトからワーカーに対して料金の支払いがなされる仕組みになっているため、クライアントによる検収の遅れはワーカーへの入金の遅れにつながります。受注の際にクライアントの検収期限を合意しておくことで、検収の遅れを予防できます（☞ P. 79）。

　とはいえ、事前に期限を決めても検収が遅れることはあり得ます。クラウドソーシングサイトに納品後一定期間が経ってもクライアントから返答がない場合は検収完了とみなされる規定があり、このルールにより検収完了となればワーカーは問題なく料金の支払いを受けることができます。万が一検収完了扱いとなった後にクライアントから「納品された成果物に問題があった」等の連絡があったとしても「サイトの利用規約に従って検収完了となりましたので修正対応には応じられません」と回答すれば十分です。

　問題は上記のように**自動的に検収完了となるルール**がない場合です。この場合、放置していてはプロジェクトがいつまでも完了しないため**ワーカーが何らかの対応をとる必要があります**。まずはサイトのメッセージ機能を使い、クライアントに検収を催促しましょう。

検収の遅れに対応を求めるときのポイント

（1）　納品日または取り決めた検収完了予定日から1週間程度を目安に
　　　クライアントへ催促

（2）　運営会社に検収完了対応をしてもらうことを目指す

（3）　クライアントと直接交渉が必要な場合は弁護士に相談

（1）　納品日または取り決めた検収完了予定日から1週間程度を目安にクライアントへ催促

　あらかじめクライアントとの間で検収期限を決めてあった場合、その期限を過ぎたときが催促のタイミングとなります。検収期限を取り決めておかなかった場合は、「通常であればクライアントによる検収が完了するであろう時期」を過ぎたときです。この時期は成果物の種類や量によりケースバイケースですが、通常は納品後1週間程度過ぎても何の反応もないときは催促を行ってよいでしょう。

（2）　運営会社に検収完了対応をしてもらうことを目指す

　検収を催促する際は「〇日までに検収を行ってほしい」等、期限を明示します。そして、催促により指定した期限を過ぎても何の反応もないときは、サイトの運営会社に報告して対応を依頼しましょう。

　クライアントの連絡先を知っている場合は直接連絡をとる方法も考えられますが、**サイト経由でクライアントから仮払いされた料金を受け取るほうがはるかに容易**なので、まずは運営会社に検収完了の扱いにしてもらうことを目指すのが得策です。クライアントの落ち度で進まないケースでは、検収完了の扱いにしてくれるサイトも多いでしょう。

（3）　クライアントと直接交渉が必要な場合は弁護士に相談

一番厄介なのは運営会社が検収完了の処理をしてくれず、契約キャンセルとして扱われてしまうケースです。この場合、代金回収にサイトのシステムは使えないことになるので、クライアントに対して直接連絡をとって代金を請求するほかありません。

クライアント直通の連絡先がわかる場合、そこに連絡します。住所が判明している場合は、住所宛てに内容証明郵便で請求書を送るとよいでしょう。連絡先がわからない場合は運営会社に対して情報開示を求めることになります。このような事態にワーカーが一人で対応するのは難しい面があるので、弁護士に相談・依頼することも検討してください。

Ⅲ　クライアントから成果物を 差戻しされた場合の対応

　次はクライアントから検収不合格の通知が来て、成果物が差し戻された場合の対応について解説します。

クライアントから成果物を差戻しされた場合の ケース別対応

（1）「契約不適合」はやり直しが必要

（2）　契約条件通り履行している場合、最終納品時の主観的・感覚的クレームへの対応は不要

（3）　クオリティに対するクレームは通常要求される水準を満たしているかで判断

（1）「契約不適合」はやり直しが必要

　成果物の差戻しがあったときは、第一にクライアントのクレームの内容が正当なものかを確認することが大切です。法律上、クライアントが成果物に対してやり直しを求めることができるのは、「契約不適合」と呼ばれる場合のみです。成果物の数量不足、形式違反その他の仕様との相違があるときなど、受注時に合意された仕様に沿わない成果物が納品されたと判断されたとき、やり直しを求めることができます。

　たとえば次のような場合には成果物に契約不適合があるといえるので、ワーカーはやり直しが必要となります。

成果物に契約不適合があると判断される場合とは?

- 成果物の数量不足の場合
- 例　3 点のデザイン制作を依頼されていたのに 1 点しか納品していない　など
- 成果物の内容の相違の場合
- 例　カラーイラストの制作依頼なのにモノクロイラストを納品した／人物＋背景の制作依頼なのに背景を描かなかった　など
- 成果物の形式の相違の場合
- 例　透過情報を含む png 形式で納品することになっていたのに jpeg 形式で納品した　など
- 盗作・模倣をした場合

（2）　契約条件通り履行している場合、最終納品時の主観的・感覚的クレームへの対応は不要

　実際に問題となるのは「納品された成果物がイメージしていたものと違う」、「予想していたよりクオリティが低い」、「好みに合わない」といったクレームです。法的な観点からいうと、このような主観的・感覚的なクレームの多くは、やり直しを命じる理由とはなりません。

　特にデザイン、イラスト、作曲のような芸術系・クリエイティブ系の案件の場合、クライアントは基本的にワーカー（クリエイター）の個性に委ねて制作を依頼しているはずですから、ワーカーがその個性を発揮して制作した成果物が単に「好みに合わない」、「イメージと違う」というだけでは契約不適合があるとは判断できません。

　また、こういった案件では多くの場合、ラフやドラフトをクライアントに提示して OK をもらっているはずです。イメージの相違などは仕上げに入る前にクライアントが指摘すべきものであり、それを通過して完成に至っている以上、最終的な納品の段階でちゃぶ台をひっくり返すようなことは法的に認められません。

（3）　クオリティに対するクレームは通常要求される水準を満たしているかで判断

　やり直しを要求されるクオリティの水準はケースバイケースですが、以下のような場合は、やり直しが正当だと判断される可能が高いです。

成果物が、ワーカーのプロフィールから想像した出来栄えや、ポートフォリオにある作品のクオリティと大きく異なる	依頼内容と大きく違う、もしくは明らかな失敗・手抜きが見られる

塗りムラ、はみ出し　など

　一般的に、高い料金であれば相応に高いクオリティのものが納品されるとクライアントは期待するので、**料金は求められるクオリティの高さを判断する上で重要なファクター**となります。

　また、プロフィール等でワーカーが開示していた実績や経歴も、求められるクオリティを判断する際に考慮される可能性があります。クライアントとしてはこのような情報をもとに、成果物のクオリティを予測して依頼を行っているからです。その意味でも、虚偽の実績や粉飾した経歴をプロフィールに載せることは控えましょう。

　ここまで読むとわかる通り、納品時のクライアントの差戻しは、実は法的には対応が必要ないものが大半です。とはいえ、現実には納品時にクライアントから差戻しを受けたときは、それを受け入れて修正対応などを行っているワーカーのほうが多いでしょう。

　法律上はクライアントの言い分が理にかなっていなかったとしても、真っ向から争うのは解決までに時間がかかりますし、クライアントからワーカーの仕事に低評価をつけられてしまうというリスクもあります。そのため、それほど労力や時間のかからない修正依頼であれば応じるというのも十分あり得るビジネス判断です。

　なお、納品した成果物が仕様に合致しているかにつきワーカーとクライアントの間に見解の相違があるとされた場合には、キャンセル扱いになり、クライアントに仮払金が返金されるルールになっているクラウドソーシングサイトもあります（☞ P.10）。

　そうなった場合でも、あくまでも運営会社がワーカーとクライアントの間の争いから身を引くというだけであり、**ワーカーとしては「法律上成果物の納品は完了している」として、クライアントに対して未払代金の支払いを請求することは可能**です。

　ただし、その場合はサイトを経由して代金の支払いを受けることはできないため、直接クライアントに対して請求書を送ったり、場合によっては裁判を起こすなどの手続きが必要となります。この場合は弁護士などの法律の専門家に相談の上、対応を検討するようにしましょう。

第5章

トラブル別
対策・解決のポイント

　クラウドソーシングサイトで仕事を受ける場合、初めてコンタクトをとる企業や個人との契約であることが多く、相手方の所在や資産状況も明確にはわからないことがほとんどです。そのため、トラブルになって未払代金の支払いを請求したり損害賠償を求めたりするのは、通常の取引以上に大変になることが予想されます。

　そのため、ワーカーとして仕事をする場合は「トラブルを起こさないようにするにはどうしたらよいか」ということを常に念頭に置いて取引を進めることが大切です。

　とはいえ、どれだけ気を付けていたとしても長く仕事を続けていればクライアントとの間で問題や紛争が起きてしまうことは避けられません。クラウドワーカーとして活躍すればするほど、そのビジネスの規模が大きくなればなるほど、トラブルに見舞われる可能性も大きくなっていきます。

　そこで、最後の章である本章ではクライアントとの間で何らかのトラブルが起きた場合の上手な対処方法について解説します。また、これに付随して、ワーカーが利用することのできる法律の仕組みや頼れる相談窓口などについても紹介していきます。

　本章で書かれていることを頭に入れておけば、何か問題が起きてしまっても解決の方向性と具体的な方策が見えますから、むやみに慌てることはありません。精神的に優位な立場でクライアントと自信をもって交渉することで、小さな火種のうちにトラブルを消火することもできるでしょう。

Ⅰ　依頼前及び依頼時のトラブル

　クライアントが募集しているプロジェクトにワーカーが応募するにせよ、プロフィール等を見たクライアントから直接オファーがあるにせよ、取引はワーカーからクライアントに対して見積りを提示するところからスタートします。

　実はこの段階でクライアントとのトラブルが表面化することはめずらしくありません。そこで、見積りを出したものの、やりとりの結果クライアントと信頼関係が築けないと判断したため依頼を断りたい場合について、3つの事例を挙げて解説します。

事例Ⅰ-1
しつこい値下げ交渉に応じられ
ないので断りたい

　見積りに対して交渉を行うことは、商取引であれば通常のことなので問題視すべきではありません。しかし、ワーカーが何度応じられないと説明しても、しつこく値下げを求めてくるクライアントもいます。

　断り切れずにクライアントの要望通りに依頼を引き受けてしまい、結果的に時間単価に直すと最低賃金以下になってしまったり、原価割れに近いような薄利の仕事に時間を割かなくてはならなくなるワーカーは意外と多いのです。

　クライアントからのしつこい値下げの要求は、はっきりと断って連絡を絶つようにしましょう。法的に見ると、見積りを出した時点では何の契約も成立していないため、ワーカーにはクライアントの依頼を引き受ける法的義務は何ら存在しないのです。料金で折合いがつかずに依頼を断るときは次のような簡単な文面を送れば十分です。

お手本　料金を理由に依頼を辞退する場合の文例

> 本件プロジェクトについてお見積りのご依頼をいただきましたが、料金面で折合いがつかないため、残念ですが今回は辞退させていただきます。

　「せっかく見積依頼をもらったのにはっきり断ったらクライアントから悪く評価されるのではないか」等、不安になる新人ワーカーもいるかもしれませんが心配ありません。

　大手のクラウドソーシングサイトでは**契約成立後からプロジェクト完了まで、クライアントがワーカーに対して低評価をつけることはできない**ため、依頼を断っても評価が下がるおそれはないのです。

　経験上、見積りの段階で、料金面で過度な要求をしてくるクライアントはワーカーの技能や専門性に対する敬意を欠いていることが多く、プロジェクト開始後もトラブルが起こることが予想されます。

　そのようなクライアントと関係を持ってもワーカーにとってメリットはないので、遠慮せずに断りを入れて連絡を絶ちましょう。しつこく連絡を繰り返してくる場合は、完全に無視してもよく、度が過ぎる場合は運営会社にハラスメントとして通報してください。

事例Ⅰ-2
クライアントが見積りに了承した後、ワーカーの都合で断りたい

　見積りを承諾したクライアントに対してワーカーが依頼を断りたいと考える理由には、「クライアントが見積りを検討している間に大きな別の案件が決まり、手がふさがってしまった」、「見積りに対する返答などクライアントとのコミュニケーションの面から、依頼を受けたくないと思った」など、様々なものがあり得ます。

　前述した通り、見積りを出しただけの段階であれば契約は成立していませんからワーカーには依頼を引き受ける義務はありません。自分のキャパシティ的にさばき切れない案件を引き受けてしまうと、納期を守れないなど契約上の責任をワーカーが負うことになります。

　また、コミュニケーション等に問題があると感じるクライアントの場合も、やはりプロジェクト開始後により大きなトラブルが起きる可能性が大きいため依頼段階で断るのが無難です。

　ワーカー都合であっても、依頼の遂行が難しい場合や、クライアントの対応に不安を覚える場合は依頼を断りましょう。

　見積りを承諾したクライアントに対して断りを入れる場合は、次のようなメッセージを送るとよいでしょう。なお、断る理由は必ずしも真実を書かなければいけないわけではありません。クライアントが納得しやすく、カドが立たない理由付けであれば何でも構わないのです。

お手本　見積りの承諾後、ワーカー都合で依頼を辞退する場合の文例

見積りをご検討いただきましたが、生憎、別案件の業務量が増えてしまい本件のご依頼をお引き受けすることができなくなってしまいました。つきましては誠に恐縮ですが本件のご依頼は辞退させていただきますようお願いいたします。貴重なお時間を割いて見積りをご検討いただき申し訳ございませんでした。

　なお、クライアントに対して見積りを出すのと同時に「契約の申込み」をしていた場合、依頼を断れないケースがあるので注意が必要です。

　通常の見積りの提示であれば「契約の誘引」になりますが、「承諾すれば即契約となる」と受け取られるような書き方だと「契約の申込み」となってしまいます。

契約の申込みとは?
　「承諾されれば即契約成立になります」という趣旨の申し入れのことをいいます。

契約の誘引とは?
　「契約条件について検討してください」という趣旨の申し入れのことをいいます。

例　「契約の申込み」となりかねない書き方

見積りは以上の通りです。こちらで問題なければ作業に入ります。

　見積りの提示と合わせて「契約の申込み」を行ってしまうと、クライアントの「承諾」手続きによって即座に契約成立となるリスクがあるため、条件交渉がすべて済み、契約をしても問題ないと判断してから、改めて行うようにしましょう。

事例Ⅰ-3
利用規約違反・法令違反の依頼を引き受けてしまった

　残念なことにクラウドソーシングサイトでは利用規約に違反するような内容の仕事を依頼するクライアントもいます。どのような依頼が禁止されているかはサイトごとに異なりますが、共通するものをまとめているので第1章を参照してください（☞P.24）。

　また、仕事の内容がそもそも法令に違反する場合もあります。さすがに違法薬物の取引のように明確な犯罪行為の依頼はほぼないでしょうが、各種の業法や特別法に違反する内容の依頼は意外なほど多いのです。次のような依頼は法令違反となります。

弁護士や行政書士等の有資格者でない者に契約書など法律に関係する書面の作成を依頼するもの	司法書士等の有資格者でない者に登記に関係する書面の作成を依頼するもの	税理士の有資格者でない者に税務関係の書類の作成や税務相談を依頼するもの

　「書類作成作業」、「書類のドラフティング」、「コンサルティング」といった名目でワーカーを募集している案件でも、よくよくその仕事の内容を聞いてみると上記のような資格外行為を行わせる違法な依頼であったというケースもあり得ます。

　利用規約に違反する依頼をしたり、引き受けたりした場合は、運営会社により会員資格の取り消し等の処分を受けるリスクがありますが、**法令違反の依頼の場合はそれだけでは済まず、懲役や罰金などの刑事罰を課される**おそれがあります。絶対に引き受けてはなりません。

　しかし、依頼を引き受けてしまった後にそれが規約や法令に違反するものだと気づくこともあるでしょう。この場合、「一旦引き受けてしまったから」と依頼を完遂しようとすることは絶対にやめましょう。**特に法令違反となる依頼の場合、違法性を認識しながら仕事を続けると情状面で不利となり処罰が重くなる**リスクがあります。

　また、一度違法行為に加担した仕事を完遂すると、その後もクライアントから同様の案件を振られ、断るに断れない状況に陥る可能性もあります。

（1）　業務内容が違反に当たるのか、専門家（弁護士）に相談

　利用規約や法令に違反する依頼を引き受けてしまったのではないかと気づいたときは、本当に規約違反・法令違反にあたるのか、あたるとしてどのような処分や不利益を受ける可能性があるのかを専門家に相談すべきです。相談先は法律の専門家である弁護士が適任です。

> **相談できる弁護士に心当たりがない場合は?**
> 　弁護士の全国団体である日本弁護士連合会(日弁連)が設置する中小企業向けの法律相談ダイヤルである「ひまわりほっとダイヤル」の利用をおすすめします。相談ダイヤルを利用すると、最寄りの弁護士会から相談担当の弁護士を紹介・派遣してもらうことができます。一部地域を除き、初回30分の相談は無料です。

(2)　運営会社に申告してクライアントとの契約を打ち切る

　弁護士に相談した結果、利用規約や法令違反に該当する可能性が高いとなった場合、契約を打ち切るのが基本の対応です。このとき、クライアントに契約打ち切りの理由を説明してキャンセルに応じてもらうよりも、運営会社に自主的に申告してキャンセルしてもらうほうが適切なケースが多いでしょう。当事者間で解決を図ろうとする場合、話がこじれる可能性もあるからです。

　規約違反・法令違反を自ら申告するのは勇気が要りますが、申告せずにあとで発覚することを考えると、自主的に運営会社に事情を説明して判断をあおぐほうが穏便な結果で済む可能性が高いです。

　ただ、これは違反の内容やサイトの利用規約の内容など諸々の状況によっても変わってきます。そのため、相談先の弁護士から具体的な対応方法のアドバイスをもらい、それに従って対応したほうがよいでしょう。

Ⅱ　作業内容や進捗に関するトラブル

事例Ⅱ-1
仕様や指示が不明確で
作業が進められない

　受注段階で仕様や依頼内容を明確化できていなかったり、受注段階では気付かなかった細かな部分にクライアントの意図や指示が不明確な点が見つかったりして、進行がストップしてしまう場合があります。

　ワーカーには契約で定められた締切・納期までに仕事を完成させて引き渡す契約上の義務があります（☞P.65）。納期を守れない場合には契約違反となり、クライアントから契約を解除されたり、納期遅れにより生じた損害の賠償を求められる可能性もあります。

　そのため、作業内容が不明確で進行が止まっている場合はそのことを早急にクライアントに説明し、必要な指示をあおぐべきです。ワーカーの責任で遅れが生じた訳ではないと証明するために、以下のような対応をとりましょう。

（1）　情報を共有しやすい方法で打合せの実施を依頼
　クライアントとやりとりする場合の文例は次の通りです。

お手本　クライアントに作業内容が不明確であることを伝え、明確
　　　　化を求める文例

ご依頼いただいた案件につき制作を進めて参りましたが、以下の点につき仕様が明確ではなく、作業の進行が止まっております。

・・・・・・（※　仕様上不明確な部分を明記する）

上記の点につき、どのように進めるべきかご指示いただきますようお願いいたします。なお、この点につき可能であれば💡Web 会議でのお打合せをお願いしたいと存じますがいかがでしょうか。
よろしければご都合の良い日時をいくつかご指定ください。

💡会話することで作業内容を明確化＆信頼関係を構築

　クラウドソーシングサイトでの依頼の多くは、直接面談を行わず、サイト上のメッセージ機能でのやりとりのみで完結します。成果物が複雑なものである場合、メッセージのやりとりだけでは言葉足らずになったり、かえって誤解を招いたりと、混乱が生じやすい点に注意が必要です。

　特に、発注した分野についてクライアントが素人であるとき、専門的な背景知識を前提に話を進めようとするワーカーとの間で意思疎通が上手くいかないことも多いでしょう。

　そのため、受注後に仕様が不明確であることが判明した場合、メッセージ上のやりとりだけでそれを解消しようとするのではなく、クライアントとの面談を行うことも積極的に検討しましょう。上記の文例

でもクライアントに Web 会議システムを使った面談を行うことを提案しています。電話での打合せでもよいのですが、Web 会議であれば画面を共有して資料を見ながら説明したりできます。

また、カメラでお互いの顔を見ながら話ができるのは、心理面でもよい効果があります。メッセージだけでやりとりしている場合、どうしても相手に対して信頼感が持てなかったり、攻撃的になったりすることがありますが、一度でも顔を合わせて打合せをしておくと相手を尊重して協力的な姿勢をとれるようになるケースが多々あります。

法的な面でも、仕様が不明確で作業が進まない点についてクライアントに説明して指示をあおぐことで、万が一プロジェクトが頓挫して法的な争いになった場合にワーカーの身を守ることにつながります。

ワーカーには納期を守る義務があり、守れなかったときは契約解除や損害賠償などの法的請求を受けるのが原則ですが、納期を守れなかったことにワーカーの帰責性（＝落ち度）がないと判断されれば、こうした法的請求を受けずに済む可能性があるのです。

仕様についてクライアントが適切な指示を与えなかったために作業が遅れてしまったということであれば、納期遅れの落ち度はクライアントにあると考えられるでしょう。そのため、仕様が不明確な場合は状況をクライアントに説明して指示をあおぎ、作業の遅れの原因がワーカーにはないといえる状態をつくっておくことが重要です。いわば、ボールがクライアントの側にある状況を作っておくということです。

（2）　打合せの内容は証拠として保存

①　議事録の作成

　少し面倒かもしれませんが、Web 会議や電話での打合せの後は、話し合って決めた内容を簡単にまとめた議事録をクライアントに送っておくことをおすすめします。口頭での打合せはそのままでは記録に残らないため、後になって「あの打合せのときにこう言ったはずだ」、「いや、そんな話はしていない」といった争いにならないよう、文字にしてクライアントと共有しておくことが大切です。

　たとえば、次のようなフォーマットでクライアントに打合せ結果を送っておくとよいでしょう。

お手本　Web 会議後に作成した議事録の確認を求める文例

本日は Web 会議でのお打合せの時間をとっていただきありがとうございました。打合せの内容及び了解事項について下記の通りまとめましたのでご確認ください。
もし不足や修正があればお知らせくださいますようお願いいたします。

- 仕様 A について

　・・・・・・・・・・

- 仕様 B について

　・・・・・・・・・・

- 納期の変更について

　・・・・・・・・・・

（※　話合いの結果を箇条書きでよいのでまとめておく）

---

②　録画・録音

　議事録を作るのが大変だという場合は打合せを録画・録音しておくのも手です。録画や録音データがあれば打合せ時にどんなやりとりがなされたかに関して一番の証拠となります。

　クライアントとの関係が良好なうちは録画や録音は了承を得てから行うとよいです。一方、関係が悪化してきて後々法的トラブルになるかもしれないという場合は相手方の不用意な発言をきちんと記録に残せるよう録画・録音するのを秘しておくことも考えられます。

　録音に関しては相手方の了承を得ずに行った場合でも裁判の証拠として使うことは可能だとする裁判例があります。ただ、Web 会議システムの中には録画をしようとすると相手方に通知がいってしまうものもあるので、録画の方法を工夫する必要がありそうです。

事例Ⅱ-2
契約内容にない
追加作業を求められた

　クライアントの中には発注時に含まれていなかった仕事をワーカーに行わせようとする人もいます。客商売でもあるワーカーとしてはそのような要望にどこまで対応すべきか悩むところです。

　ワーカーがすべき仕事は、受注時に具体的に取り決めたことだけであり、それ以外を引き受ける契約上の義務はありません。また、クライアントが「追加作業をしてくれなければ代金は払わない」と言うこともできません。

　クライアントとの関係性を重視して、当初の発注に含まれていなかった仕事もサービスでやってあげるというのは、ビジネス戦略としてはあり得ます。

　しかし、タダ働きをしてあげるとクライアントの側はそれに感謝するよりも「そうされて当然だ」と思うようになることもあり得ます。そうすると別の案件を引き受けるときも同じように発注されていない仕事を無償でやらされることになるかもしれません。

　長期的に見ると、契約内容に含まれていない作業をサービスでやってあげるのはワーカーの仕事の時間単価を下げることになり、得策とはいえません。そこで合意していない追加作業をクライアントから頼まれたときは**追加作業を行うには料金が別途かかることを提示して交渉する**か、または**断る**のがよいでしょう。

お手本　追加作業が別料金になることを提示する文例

> ご要望いただいた事項につきましてはクライアント様の当初の発注内容に含まれていないため、料金内でご対応することは困難です。
> 追加作業をご要望される場合は、**改めてご契約いただくか、本案件の料金の増額のお手続きをとっていただく必要がございます。**
> よろしければ追加作業につき見積りを作成しますのでご指示ください。

　自分の現在のキャパシティ的に、別途料金を受け取ったとしても追加作業は引き受けられないというケースもあり得ます。その場合は次のように返答するのがよいでしょう。

お手本　追加作業は引き受けられないと返答する場合の文例

> ご要望いただいた事項につきましてはクライアント様の当初の発注内容に含まれておらず、本案件内でのご対応はいたしかねます。
> 現在の当方の他の案件とのスケジュールや業務量の面でも追加作業はお受けできませんのでご了承ください。

　かなりはっきりとした断りのメッセージですが、これくらい明確に断ったほうがよいです。「追加作業をワーカーがやってくれるかもしれない」という期待を持たせてしまうと別のワーカーへの発注の時機を逃すこともあり、クライアントのためにもなりません。

　ワーカーが追加作業を断った（もしくは別料金であることを説明した）にもかかわらず、しつこく追加作業を行わせようとしてくる場合は当初の発注内容に沿って粛々と作業を完了した上で納品の手続きを済ませましょう。前述の通り、発注時の依頼内容に沿って作業が済んでいればワーカーは契約上の義務を果たしたことになります。これに対してクライアントが検収完了の手続きをとらない場合は運営会社に苦情を申し立てて対応を求めるべきです。

事例Ⅱ-3
作業の進捗に遅れが生じてしまった

　納期を守って作業を完了させ、納品を済ませるのはワーカーの契約上の義務です。そのため進捗の遅れがある場合は、そのまま納期を過ぎるまで放置するのではなく、必ず何らかの対応が必要になります。もちろん、作業をスピードアップして遅れを取り戻すことができるのであればそれが一番です。

　ワーカー側で努力してもどうにもならない進捗の遅れが生じてしまった場合は、クライアントに状況を説明して対応を協議することが大切です。「納期に間に合わないおそれがある」ということを伝えるのは、ワーカーとしては気が重いことかもしれませんが、進捗の遅れが取り戻せない状況に至っている以上、クライアントにその点を隠すべきではありません。次のようなメッセージを送って打合せを求めましょう。

お手本　進捗の遅れの対応方針について打合せを求める文例

> ご依頼いただいておりました案件につき、現在のところ作業の進捗に遅れが生じております。
>
> このままですと〇月〇日の納期に間に合わない見込みですので💡**対応を協議したく**、メッセージを送らせていただきました。
>
> なお、進捗の遅れが生じている箇所と原因は以下の通りです。
>
> ・・・・・・（※　💡**遅れの原因について具体的な説明**）

💡遅れへの対応を協議したいというスタンス

　「このままでは納期を過ぎてしまうので対応策が必要」だと明確に伝えて、クライアントと協議する姿勢を示します。状況を情報共有しなければ「ワーカーの問題」に終始しますが、共有することで「クライアントと協働して解決を目指すべき問題」とすることができます。

💡遅れの原因によって異なる法的責任の所在と対応

　お手本では、進捗の遅れが生じている箇所と原因を具体的に説明するようにしています。一口に進捗の遅れといっても原因は様々です。遅れの原因の場所によっても対応が変わるため、ワーカーが法的責任を負うかにも影響します。基本的には次のパターンがあります。

遅れの原因ごとにみる責任の所在

例　ワーカーのスケジュール管理の甘さや体調不良　など

→（1）　ワーカーの責任による作業の流れ

例　クライアントが必要な指示を与えなかったり、ラフの承認が遅れたりした　など

→（2）　クライアントの責任による作業の流れ

例　大きな災害が生じたため　など

→（3）　不可抗力（どちらにも責任なし）による作業の流れ

　遅れの原因がワーカーとクライアントのどちら側の事情かによって責任の所在が変わってくるというのが基本的な考え方です。

（1）　ワーカーの責任による作業の遅れ

💡完成した成果物の一部を納品し、その分の報酬を得る

　契約を解除された場合でも仕事が一部完成しており、それを引き渡すことでクライアントが利益を受けるのであれば、その利益の程度に応じた割合で報酬（料金）の一部を請求することが可能です。

　ただ、クラウドソーシングのサイト上でキャンセル扱いになると、通常運営会社経由での料金の支払いは受けられないので、**クライアントに直接請求を行って払ってもらう必要がある**でしょう。

（2）　クライアントの責任による作業の遅れ

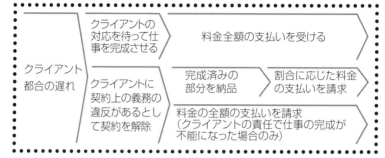

　クライアント側に遅れの原因がある場合、たとえ納期が遅れたとしてもクライアントから契約を解除することはできません。また、ワーカーには遅れについて帰責性がないためクライアントから損害賠償請求を受けることもありません。このあたりの法律解釈は複雑な面があるため弁護士に相談の上、対応を検討するとよいでしょう。

（3）　不可抗力（どちらにも責任なし）による作業の遅れ

　まず、納期に遅れたとしてもワーカーには帰責性がないと判断されますから、クライアントから損害賠償請求を受けることはありません。

　一方、クライアントは納期が過ぎた後にワーカーに対して納品を催促（催告）した上で相当な期間が経過してもやはり納品がない場合は

契約を解除できます。つまり、クライアントとしては、損害賠償請求はできない一方、契約解除はできる可能性があるということです。

　クライアントから契約を解除された場合の処理は、ワーカーのせいで作業が遅れてしまった場合と基本的に同様です。すなわち、完成済みの一部を引き渡すことでクライアントに利益があるときはその利益の割合に応じて料金の一部を請求することができます。

　このように作業の遅れの原因によって法的処理の仕方がかなり変わってきます。そのため、クライアントに情報共有を行うときに遅れの原因について整理して書いておくことが重要になります。特に遅れがクライアントの落ち度による場合や不可抗力による場合は、ワーカー側にとって責任を回避するための根拠となりますから、それを証拠化しておく意味でもメッセージに詳しく状況を書いておくようにしましょう。

　なお、作業の遅れが生じた場合の法的処理はやや複雑な面があるため、対応方法に迷ったときは適宜弁護士の相談を受けるようにしましょう。相談窓口としては日弁連の設置する中小企業向けの相談ダイヤルである「ひまわりほっとダイヤル」が最適です。

Ⅲ　連絡・コミュニケーションに関するトラブル

事例Ⅲ-1
クライアントと連絡が
とれなくなってしまった

（1）　催促のメッセージを送る

　案件を引き受けた後もラフやドラフトを確認など、クライアントとやりとりをしなければならない場面は少なくありません。そんな状況でクライアントと連絡がとれなくなると、ワーカーとしては作業が進められず納期の遵守も困難となります。受注前にクライアントからの連絡が途絶えた場合の取決めをしていた場合は、それを引き合いに出して返信を求めるとよいでしょう（☞ P.77）。そうでない場合は、まずは次のような文面で返答を催促しましょう。

お手本　作業に必要な対応をクライアントに求める文例

〇月〇日にご連絡しましたが、現在までにお返事をいただけておりません。
💡前回のメッセージにも書きました通り、クライアント様にラフのご確認をいただかなければこの先の作業を進めることができず、合意した納期に間に合わせることもできなくなります。
ご多忙のところ恐縮ですがご提案したラフをご確認の上、検討結果をお知らせくださいますようお願い申し上げます。また、ご確認作業を進めることが難しいご事情がある場合はその旨ご一報くださいますと幸いです。
どうぞよろしくお願いいたします。

💡作業の遅れが出てもワーカーに責任はないといえる状態にする

クライアントに送信済みのメッセージに触れた上で、それに対するレスポンスを求めましょう。「返答がない場合は作業が進められず、納期に遅れることになる」という見通しを伝えて、ワーカーに契約上の責任がないといえる状態をつくるべきです（☞ P.75）。

なお、事前の打合せなどで双方の了解事項となっていたケースでは、催促のメッセージを送る際に「〇月〇日までに返答がない場合はラフ案のうちＡ案についてご了承いただいたものとして作業を進めます」というように指定しておくことも考えられます。

ただし、Ａ案で作業を進めた後に「仕事が忙しくてメッセージは読んでいなかった。Ａ案で了承したつもりはない。やはりＢ案で進めてほしい」と言われるかもしれません。確証がない限り「返答がない限り了承したものとして進める」のはリスキーといえます。

（2）　催促してもなお連絡がない場合は契約をキャンセル

これ以上のプロジェクトの進行は困難だと判断して、契約をキャンセルするのが原則です。クライアントの責任で仕事の完成が不能になった場合、料金の全額を請求できるという法律の解釈が可能です。それを根拠に料金全額を請求するとよいでしょう（☞ P.145）。

もっとも、クラウドソーシングサイト上で取引がキャンセル扱いになると、運営会社はクライアントへ仮払金の返金処理をするケースが多いです。そうすると、ワーカーは運営会社経由で料金の支払いを受けることができず、クライアントに直接請求を行う必要が出てきます。

これはかなり手間と時間を要するため、できれば避けたいところです。

💡その時点で完成している制作物を納品

クライアントが催促に対して応じずに作業の進行が不能と判断できた段階で、その時点までに完成している制作物を成果物として納品してしまうということも一案です。

クラウドソーシングサイトの中には、ワーカーの納品に対して一定期間クライアントが何も反応しない場合、検収に合格したものとみなし、料金の支払い手続きに入るというルールをとっているものがあります。クライアントと音信不通になってしまった場合はこのサイトのルールを利用して検収完了としてしまうことも考えられるでしょう。

前述の通り、クライアント側の責任で仕事が完成不能になった場合は料金全額を請求できるという法律解釈が十分成り立つため、こうしたやり方も不当とはいえないと考えられます。

クライアントが連絡を怠っている場合、納品手続をとることでようやく真剣に対応してくれるというケースもあります。最終手段ではあるものの、長期間連絡を怠るクライアントに対しては、有効な対処方法といえるでしょう。なお、このように納品手続を行う際はクライアントに対して以下のような説明をメッセージで送っておくとよいです。

お手本　遂行できる範囲の業務を行い、納品手続に入る場合の文例

> ○月○日にラフのご確認をご依頼し、その後、○月△日にも改めてご確認をお願いしましたが依然としてクライアント様よりご返答をいただけておりません。このように長期にわたりご連絡いただけない状況が続いている以上、プロジェクトの進行は不能であると判断せざるを得ません。
>
> そのため、誠に遺憾ですが現時点までで制作済みのものを成果物として納品し、本件を完了させていただこうと思います。
>
> 万一プロジェクトの進行を希望される場合は、所定の検収期限までに納品を差戻しの上、必ずラフをご確認・検討いただきご返答ください。

　なお、システム上、ワーカーに料金が支払われた（ワーカーの口座に料金が着金した）後で、クライアントが返金を求めるときは運営会社ではなくワーカーに対して直接請求を行うことになるでしょう。この場合、請求のための労力や費用がクライアントにかかることになります。そのため、改めて交渉するとしてもワーカー側に有利に話合いを進めることができます。もちろん**クライアントから裁判を起こされたりするリスクはあるので納品完了という手段をとるべきかどうかは必要に応じて弁護士に相談の上、慎重に決定する**ようにしましょう。

事例Ⅲ-2
クライアントから過剰な
コンタクトや報告の要求がある

　事例Ⅲ-1 はクライアントと連絡がとれずに困るケースでしたが、逆にクライアントから過剰なくらい連絡があってワーカーが困惑するというケースもあり得ます。

進捗についてしつこく確認するケース

執拗にWeb会議や電話連絡を要求するケース

業務と無関係なやりとりを行おうとするケース

　もちろんクライアントには自分の発注した案件が満足のいくものになるように監督するという正当な利益がありますが、そういった範囲を超えてワーカーに過度の干渉を加えようとする場合は問題です。こうしたコミュニケーションの問題はワーカーの作業の妨げとなり、モチベーションの低下なども招くため軽視できません。

　対応方法を考える前提として、ワーカーにはクライアントからの連絡にどの程度応答する義務があるのか法的な観点から整理します。

応答する義務の有無を判断するポイント

【受注時に報告・連絡の時間や頻度の取決めをした場合】

● 取決めの内容に沿って連絡や報告を行う義務が発生する

● 違反した場合は契約解除等の責任問題に発展する可能性があるため、実行できない報告・連絡の義務を負わされないよう注意

【受注時に報告・連絡の時間や頻度の取決めをしていない場合】

● 基本的にクライアントからの連絡に対応したり報告を行ったりする法的義務はなし

　デザイン制作、ホームページ制作、システム開発など、クラウドワーカーが受ける案件の多くは民法上の**請負**に該当する契約です。請負契約におけるワーカーの義務は、仕事を完成して納品することであり、その過程をどう進めるかは基本的にワーカーに委ねられています。もしクライアントがワーカーの仕事の進め方に対して逐一指示を与えたとすれば、それは請負ではなく雇用になります。したがって、契約で取決めを行っていない限り、ワーカーにはクライアントに対して連絡・報告を行う法律上の義務はないと考えられます。

　ただし、クラウドソーシングサイトで募集されている仕事の中には請負ではなく準委任という契約類型に該当するものも少数ながら存在します。たとえばコンサルティング・サービスやプロジェクト・マネジメントなど、ワーカー側に専門的な裁量が認められるような仕事が準委任の典型例です。**準委任契約の場合、受任者であるワーカーはクライアントから要求があったときはいつでも仕事の処理の状況を報告しなければならない**と民法で定められています（民法645条）。そのため、こういった契約類型に該当するプロジェクトを引き受けた場合はクライアントの報告要求に原則として従わなければならないということに注意しておきましょう。

　もちろん請負契約であっても、作業の進捗を適宜クライアントと共有したり、クライアントの要望を聴き取ったりすることが必要になる場面は多いです。法的な義務があるかは別として、ワーカーが無理のない範囲で緊密なコミュニケーションをとることは、クライアントの満足度を高め、成果物のクオリティを上げることにもつながります。

　しかし、契約で取決めを行わなかった場合はワーカーには連絡・報

告の法的義務はないということは、過剰な連絡要求や報告要求を行うクライアントと仕事をする際に頭に入れておくとよい知識です。

　クライアントからの連絡等がしつこく、迷惑を受けている場合や作業に支障が生じてしまっている場合は、次のように連絡対応可能な日時を指定することで対処する方法があり得ます。

お手本　連絡対応可能な日時を指定したい場合の文例

> 本件を含め抱えているプロジェクトの作業時間を確保するため、クライアント様からのご連絡に対して対応できるのは月曜日と木曜日の午前中のみとなりますのでご了承ください。

💡対策をとっても収まらない場合は運営に相談

　クライアントの行為が改まらない場合や、ハラスメントないしストーキングに近いような過剰な干渉を行ってくるクライアントに対しては運営会社に通報して対応を求めましょう。

　各社の利用規約上、ハラスメント行為は禁止されているケースがほとんどです。運営会社経由で契約キャンセルとしてもらった上で、クライアント側の帰責事由によるプロジェクトの完成不能として料金を請求したり、精神的苦痛を含めた損害の賠償を求めたりするとよいでしょう。このような対応は弁護士に相談の上、行うことをおすすめします。

Ⅳ　料金の支払いに関するトラブル

事例Ⅳ-1
受注時に合意したのに
料金を支払ってくれない

　ワーカーが発注された通りの仕事を完成して納品を済ませた場合、クライアントには料金を支払う義務が生じます。そのため、理由なく料金を支払わないクライアントに対しては法律上支払いを請求することができますし、合わせて支払いが遅れた日数に応じた遅延損害金を請求することも可能です。遅延損害金は現行の民法では年利3％と定められています（民法404条2項）。

（1）　運営会社を通じて料金が支払われない理由を確認

　大手のクラウドソーシングサイトの場合、クライアントは発注時にワーカーへの料金全額を仮払い等の形で運営会社に預けています。しかし、ワーカーの納品完了手続に対してクライアントが検収を完了しなければ、運営会社からワーカーに対して料金の送金はなされないのが原則です。クライアントに対して直接請求を行うのは時間や手間がかかるため、可能な限り運営会社経由での料金支払いがなされるのが望ましいといえます。

　そのため、検収を完了してくれないクライアントに対しては運営会社に相談して対応を求めるのが第一歩となるでしょう。運営会社に対しては相談用の専用フォームがあればそれを使い、なければ通常のお問合せフォームや電話・メール等で連絡をとることになります。

運営会社に伝えるべきこと

- クライアントとの契約内容

例　何を完成させることになっていたか／料金はいくらか　など

…　メッセージ等で見積りを提示した場合は、スクリーンショットなど
　　を参考資料として添付する

- 納品完了した日時
- 納品完了に対するクライアントの対応の詳細

例　単に反応がないのか／理由をつけて納品を拒絶しているのか　など

…　納品拒絶につきクライアントのメッセージがある場合はそのスク
　　リーンショットを添付する

【クライアントから納品拒絶の理由が示されている場合】

- 契約で取り決められた仕様と照らし合わせて拒絶理由が正当な理由
　　ではないことの説明

（2）　クライアントから納品拒絶の理由が示された後の対応

　もっとも、運営会社としてもワーカーとクライアントとの間の契約
問題に深く立ち入ることは望まないと考えられます。サイトによって
は、ワーカーとクライアントとの間に仕様に関する認識のズレがある
と運営会社が判断した場合、契約をキャンセル扱いにして仮払金をク
ライアントに返金することができるという利用規約を設けていること
もあります。そのため、クライアントが検収に応じない理由を述べて
明確に争っているようなケースでは、運営会社経由で料金の支払いを
受けることは実際上難しい面があるでしょう。

　このような場合、ワーカーとしてはクライアントに対して直接料金

の請求を行うほかありません。契約がキャンセル扱いとならず、メッセージ上のやりとりが継続している場合は次のような「最後通牒」を送って相手方の翻意を促すのも手です。

お手本　クライアントに強く検収を求めたい場合の文例

> ○月○日に納品手続をとらせていただきましたが、クライアント様より検収を拒絶するとの返答がありました。
>
> 当方としては契約内容となっている制作物をすべて不足なく完成して納品を行ったとの認識です。
> そのため今後も検収が行われない場合、大変遺憾ですがクライアント様に対して料金の支払いを求めて💡**法的措置を講ずることも検討せざるを得ません**。その場合、未払いの日数に応じた遅延損害金も合わせて請求することとなります。
> 当方としてはできる限りそのような事態とならずに本件が解決されることを望んでおります。
>
> つきましては、改めて納品完了の手続きをとらせていただきますので○月△日までに検収を完了くださるようお願い申し上げます。

💡「法的措置を講ずることも検討せざるを得ません」

　裁判等を起こすかどうかまだ検討中の段階で「法的措置をとる」、「裁判を起こす」と断言するのは一種の虚偽です。虚偽の内容を含む威嚇を行って相手方に何らかの行動を起こさせようとするのは違法性があると判断される可能性もあるためおすすめはできません。

　一方、「法的措置を講ずることを検討せざるを得ない」という言い方であれば、支払いがなされない段階になって裁判を起こすかどうかを検討するという意味ですから嘘にはなりません。すでに裁判を起こすことを決意している場合は別として、この段階で送るメッセージとしては文例のような書き方を用いるのが無難です。

　こうした検収の催促にもかかわらずクライアントからの対応がない場合、残された手は相手方への直接請求しかありません。具体的な法的手続としては裁判（訴訟）や支払督促が考えられます。いずれにしても法的な請求を行う以上は勝ち目があるかどうか、費用や労力をかけた分の回収の見込みがあるかどうかを慎重に検討する必要があるため、弁護士に相談したほうがよいでしょう。

　なお、この局面でワーカー側に有利に使える可能性のある法制度として「下請代金支払遅延等防止法」と呼ばれる法律があります。これは資本力・規模の大きな注文者がその影響力を利用して受注者に対して不当な取引を行うことを防止する法律です。たとえば、デザイン制作やホームページ制作などの情報成果物の作成を内容とする取引であれば、資本金の額について以下の条件を満たせばこの法律の適用があります。

	注文者（クライアント）の資本金	受注者（ワーカー）の資本金
類型①	5,000万円超	5,000万円以下または個人事業主
類型②	1,000万円超、5,000万円以下	1,000万円以下または個人事業主

　下請代金支払遅延等防止法では、発注者側が正当な理由なく代金の支払いを行わない行為等が禁止されています。違反した企業に対して

は公正取引委員会から指導や勧告がなされ、Web サイトに違反事例として公表される可能性もあります。企業イメージを重視するクライアントにとってはかなりの圧力になるため、公正取引委員会に対応を求めることで未払いが解消されることも期待できます。

　この点についても弁護士に対応方法を相談するのがよいでしょう。また、中小企業庁が全国に設置する相談窓口である「下請かけこみ寺」は下請代金支払遅延等防止法を含む下請の問題について無料で専門的な対応を行っているので、相談してみることをおすすめします。

事例Ⅳ-2
追加作業等への割増料金や手当てを請求したい

　まず、ワーカーの基本的なスタンスとして、クライアントとの間で料金を含めて別途契約が成立するまでは、追加作業に取り掛かるのを控えるのが賢明です。というのは、クラウドソーシングサイトでの正規の発注の手続きを踏まない限り、クライアントによる料金の仮払いが行われませんから、追加料金の支払いを受けられずタダ働きになってしまう可能性があるためです。大手のサイトでも、クライアントによる仮払い完了までは作業を行わないようワーカーに注意喚起を行っています。そのため、プロジェクト進行中にクライアントから追加作業を指示されたり、逆にワーカー側で追加作業が必要であると判断した場合は、**その都度クライアントに対してサイト上での契約・仮払いの手続きをとることを求める**べきです。

　また追加作業に関してサイトのシステムを通した正規の受発注の手続きをとっていない場合であっても、法律的な観点から言うと、クライアントに対して追加料金を請求できるケースはあります。

　ただし、そのためにはメッセージなり、口頭なり、**何らかの形でクライアントと追加作業の内容及び料金に関して合意がなされている必要があります。**たとえば、メッセージ上で次のようなやりとりをあらかじめ行っておけば、サイト上で正規の手続きを踏んでいなくても一応クライアントに対して一定の権利行使がしやすくなるでしょう。

お手本　追加料金について確認を求める場合の文例（チャット）

> ご指示のあった作業に関しては当初の発注内容に含まれていないため、追加料金が必要となります。納品時に以下の通り算出の上、追加で御請求することとなりますがよろしいでしょうか。
> ・作業内容　〇〇
> ・💡作業単価　〇円（税込）／１時間あたり
>
> 🧑 わかりました。その内容で進めてください。

💡料金をきちんと明示して合意を得ておく

　料金がいくらかという点は契約を結ぶ上で最も基本的な内容ですから、その点が不明確だとそもそも契約は成立してなかったと判断される危険性があります。また、料金が不明確だとクライアントに対して追加料金を請求した際、その金額にケチをつけられてしまうおそれが高まります。そのため、この文例のように料金額やその算定方法を明確化しておくことが大切です。

　あらかじめメッセージ上などで合意をしていた場合、クライアントに対して追加料金を請求する根拠があるといえるでしょう。支払いを求める際は、サイト上のシステムを使った正規のやり方で支払いを求めるべきです。サイトごとに異なりますが、現在進行中のプロジェクトの中で料金の追加支出という形で処理されるケースもありますし、別案件として改めて受発注の手続きをとる必要があるケースもあります。いずれにしても、サイトを通した支払いを求めることが大切です。当然ながらシステム手数料はかかることになりますが、ほとんどのクラウドソーシングサイトではサイト上で知り合ったクライアントとサイト外で取引を行ったり、直接料金の支払いを行うことを禁止しているため、必ずサイトを通す必要があります。

　クライアントが追加料金の支払いに応じない場合、第一の対応策としては運営会社に事情を説明・相談して対処を求めることです。その際はクライアントとの間で合意が成立していたことの証拠としてメッセージのやりとりのスクリーンショットなどを添付するとよいでしょう。

　もっとも、運営会社としてもサイト上で受発注の手続きが済んでいない作業に関してクライアントに支払いを強制することはできないので、解決は見込めないかもしれません。

　その場合、サイト外でクライアントに直接請求を行うほかないので、運営会社に対してクライアントの住所・連絡先等の情報開示を求めるとともに、サイト外での請求を行うことにつき了承を得るようにしましょう。

お手本　追加作業分の料金の請求を行う場合の文例

> ご依頼いただいたプロジェクトの追加作業につき〇月〇日付のメッセージ上のやりとりにて作業内容及び追加料金につき合意をいただいております。
>
> つきましては、この合意に基づき、追加作業分の料金〇円を〇月△日までにお支払いくださいますようお願いいたします。

　発注外の作業に対する追加料金や割増料金の請求はクライアントとの間でトラブルになりやすいものですし、サイトを通じた正規の手続きをとっておかない場合、運営会社経由での支払いを受けられる見込みも薄いです。そのため、トラブルの予防が大切であることを念頭に置いておくようにしましょう。「正規の受発注の手続きがとられない限り追加作業は行わない」という基本姿勢が大切です。

　クライアントと比べてワーカーの企業としての規模が小さい場合は、下請代金支払遅延等防止法の適用が受けられるケースがあります（☞ P.157）。追加作業に対して料金を支払わない行為も同法により禁止されていますから、公正取引委員会による指導を求めるという対応策もあり得るところです。専門の相談窓口である「下請かけこみ寺」で相談してみるとよいでしょう。

V　成果物の取扱いに関するトラブル

事例V-1

事前に了承していた以外の方法で成果物を利用されてしまった

　納品後にクライアントが成果物を事前に了承していた以外の用途・用法で使ってしまうケースがあります。

発注時に取り決めた範囲の使用ではなく、商用利用をされた

契約時の著作物利用料と見合わない規模で使用をさせた

無断で色や形状を変更・使用された

　こういったケースでクライアントに対して何らかの請求が可能かどうかは、すべてクライアントとの間での取決めの内容次第です。

　事前に「成果物の著作権を譲渡、自由な利用、改変を認める」と取決めをしていた場合、クライアントに対して請求できません。一方、利用の仕方や改変行為が発注時の取決めに違反する場合は、著作権や契約に基づいた法的請求（取決めに違反した利用行為の差止め（禁止）の請求、違反によりワーカーに生じた損害の賠償の請求）が可能です。

（1）運営会社に報告

　クライアントによる違反行為が判明した場合、ワーカーとしてはクライアントに対して直接、差止めや損害賠償の請求を求めるのが基本的な対応となるでしょう。

　すでに成果物が納品済みでプロジェクトも完了しているため、サイト（運営会社）経由での解決は期待できません。ただ、サイト上の取引で得た成果物について知的財産権の侵害を行ったことが利用規約に違反していると解釈されるケースもあり得るので、クライアントに対する退会処分などの圧力がかけられる可能性はあります。そのため、一応運営会社に通報を行っておくのは悪くない手です。また、クライアントのサイト外の連絡先を知らない場合には運営会社に開示してもらう必要があるため、問合せ・相談は必要になります。

（2）　クライアントに問合せ

　運営会社から情報開示を得られない段階ではクライアントについて唯一判明している連絡先がサイト上のメッセージ機能だけということもあり得ます。その場合はメッセージ機能を介してクライアントに連絡をとります。

　ただし、**メッセージを送る前に必ずクライアントの違反行為の事実について証拠を残しておきましょう**。たとえば、成果物が目的外利用されていることを示すスクリーンショットなどです。これをしておかないと、ワーカーからの連絡を受けてクライアントが証拠隠滅を図る可能性があるため大切な事前準備といえます。

　クライアントに対して、いきなり強く出て違反の是正や損害の賠償を求めることもあり得ますが、最初は「お伺い」といった感じで連絡をとるほうがよいケースも多いです。

　著作権等の侵害に対して裁判を起こすなどして賠償を求めるのは時間や費用がかかりますから、穏便に話合いで決着するに越したことはありません。また、こちらが丁寧な態度で連絡をとると、クライアントも気を許して色々な情報を聞ける場合もあるからです。強硬な態度で請求を行うのはクライアントから得た情報をもとに作戦を立ててからでも間に合います。

お手本　成果物の利用についてクライアントが持っている情報を引き出したい場合の文例

> 本年〇月に当サイトで発注をいただいた〇〇と申します。その節はご依頼くださりありがとうございました。
>
> 突然ご連絡差し上げましたのは、当方が受注・制作しクライアント様に納品した〇〇のデザインについて、当初のご契約内容である「商品Ａの宣伝広告への使用」とは異なる形で利用がされているのではないかと思料したためです。ご参考までに該当のURLを掲載しますのでご確認ください。
> （※　問題となる利用が行われているURLなどを貼る、もしくはスクリーンショットをファイル添付してもよい）
>
> クライアント様にてこのような利用を行われている事実があるのか、ご認識をお聞かせいただけますと幸いです。なお、💡これ以外にも納品物を他用途に使われている事実がある場合はお知らせくださいますと幸いです。

💡クライアントから情報を引き出すことに注力

　クライアントが連絡に応じた場合、**最初は金銭請求などの話を出さず、可能な限り相手方の持っている情報を聞き出す**ようにしましょう。たとえば、違反がいつから行われているか、どれくらいの規模で行われているか（チラシ等への掲載であれば発行部数など）といった情報は相手方に請求を行う際の損害額の算定に役立ちます。こちらが強い態度に出て相手が警戒すると、こうした情報の開示を受けるのは難しくなるため、はじめにできるだけ情報を出させることが大切です。

　得られる限りの情報を得た後は、クライアントに対する対応方法を検討します。違反行為をやめてもらうだけでよしとするか、それとも金銭請求まで行うのかが基本的な検討事項となります。たとえば「違反をやめてもらえば今回は損害賠償請求まではしない。ただし、今後同様の違反行為がなされないように違約金を定めた念書を書いてもらう」といった対応もあり得ます。

　このあたりは相手方への法的請求がどのくらい確実に認められるかや、金銭請求に対して相手方がどれだけ支払いを行う資力があるかなど、色々な事情によって変わってきます。そのため知的財産に関する紛争に慣れた弁護士に一度相談してアドバイスをもらうのが得策です。

　著作権など知的財産絡みのトラブルについては、日弁連の「ひまわりほっとダイヤル」でもよいのですが、全国に設置された知的財産相談の専門窓口である「知財総合支援窓口」を利用するのも手です。この窓口には知的財産を専門に扱う弁護士や弁理士が在籍しており、専門的な観点からアドバイスをもらったり、対応可能な弁護士を紹介し

てもらうことができます。相談は無料ですので、ぜひ利用を検討してみてください。

　なお、相手方に請求する損害賠償の金額の算定方法には色々な考え方があり得ます。ライセンス料を基準に算定する方法であれば、成果物を使用したことにより相手方が得た売上の３％程度で算定するケースが多いですが、成果物や商品の種類などによって高くも低くもなります。請求金額の算定は専門知識が必要となるので弁護士に相談して決めることをおすすめします。

　弁護士のアドバイスを受けた上で、もしくは何らかの事情があって弁護士に相談できずにご自身で相手方への請求を行われる場合は、以下の文例を参考に交渉を進めてみてください。ただ、知的財産に関する紛争は専門的な知識が必要となるため、可能な限り弁護士に相談・依頼して対応することをおすすめします。

お手本　違反の是正がなされれば、金銭請求は行わないと申し入れる
　　　　　場合の文例

当方が制作・納品した成果物について、貴社による下記サイトでの利用方法は発注時の取決めに違反するものです。

そのため、〇月〇日までに当該利用を停止するとともに、今後このような利用を行うことを厳にお控えくださいますようお願いいたします。

・・・・・・

（※　問題となる利用が行われている URL などを貼る、もしくはスクリーンショットをファイル添付してもよい）

なお、本来であれば当該違反行為に対して貴社に損害賠償請求をも行うところですが上記期限までに違反が是正され、かつ今後こうした違反を行わないことをお約束いただける場合は、今回に限り請求をとりやめることとします。万一ご対応いただけない場合はやむを得ず法的措置を検討することになりますので、ご了承ください。ご賢察の程よろしくお願いいたします。

お手本　違反の是正＋念書の差入れも要求する場合の文例

当方が制作・納品した成果物について、貴社による下記サイトでの利用方法は発注時の取決めに違反するものです。そのため、〇月〇日までに当該利用を停止するとともに、今後このような利用を行うことを厳にお控えくださいますようお願いいたします。

・・・・・・

（※　問題となる利用が行われている URL などを貼る、もしくはスクリーンショットをファイル添付してもよい）

なお、本来であれば当該違反行為に対して貴社に損害賠償請求をも行うところですが、上記期限までに違反が是正され、かつ今後こうした違反を行わないことをお約束いただける場合は、今回に限り請求をとりやめることとします。つきましては添付の書式にて、念書にご署名・押印いただき当方宛てにご送付くださいますようお願い申し上げます。万一ご対応いただけない場合は、やむを得ず法的措置を検討することになりますのでご了承ください。ご賢察の程よろしくお願いいたします。

お手本　相手方に差し入れさせる念書の文例

〇〇　様／御中（※ここに自社名を入れる。）

念書

1. 当社は、貴社が〇月〇日付発注に対して制作した成果物〇〇に関し、当社の下記利用が貴社との契約に違反し貴社の権利を侵害するものであることを認める。

・・・・・・

（※　利用方法を具体的に書く。サイトでの掲載の場合はURLを記載してもよい）

2. 当社は前項の成果物に関して、今後、前項記載の利用方法その他貴社との契約に違反する方法での利用を行わないことを誓約する。
3. 万一前項の誓約に違反した場合、貴社は当社に対して直ちに違約金として金〇円（※　金額は任意に決めてよい。相手方の規模にもよるが50万円〜100万円程度の範囲にしておくと相手方による違反を牽制できるケースが多い）を支払うことを約する。なお、この場合において貴社に違約金額を超える損害が発生した場合、超過額についても直ちに支払うものとする。

〇年〇月〇日

住所：〇〇県〇〇市〇〇町△△

署名：　　　　　　　　　　　　　㊞

お手本　違反の是正に加えて金銭請求も行う場合の文例

当方が制作・納品した成果物について、貴社による下記サイトでの利用方法は発注時の取決めに違反するものです。そのため、〇月〇日までに当該利用を停止するとともに、今後このような利用を行うことを厳にお控えくださいますようお願いいたします。

・・・・・・

（※　問題となる利用が行われている URL などを貼る、もしくはスクリーンショットをファイル添付してもよい）

上記違反の是正と合わせて、同じく〇月〇日までに当該違反行為により当方が被った損害の賠償として金〇円を下記の銀行口座に振込送金する方法によりお支払いください。振込手数料はご負担ください。

〇〇銀行〇〇支店

普通預金口座

口座番号〇〇〇〇〇〇

口座名義〇〇

万一ご対応いただけない場合はやむを得ず法的措置を検討することになります。その際は未払期間に応じた遅延損害金等も含めて請求することになりますのでご了承ください。ご賢察の程よろしくお願いいたします。

事例V-2

成果物をワーカーの
実績として公開したい

　納品した成果物についてワーカーが実績として公開したいという場合、クライアントとどのように交渉すべきでしょうか。当然ながら一番簡単なのは受発注の時点で実績公開ができるようにクライアントから了解を得ておくことです（☞P.84）。プロジェクトが走り出してから、もしくは納品が完了してから交渉しようとすると、クライアントとの条件交渉は不利になります。特に、成果物が期待以上に人気になったり知名度が高くなったりするとクライアントはワーカーによる実績公開に対して慎重になる傾向があります。

（1）　契約時以降に実績としての公開を依頼する場合

　もっとも、契約時に取決めをしていなかったからといって後から実績公開が一切できないというわけではありません。その場合、クライアントに問合せをして実績公開できるように交渉すればよいのです。

お手本　成果物を実績として公開したい場合の文例

> 本年〇月〇日にイラストの制作をご依頼いただきました〇〇と申します。その節はお引き立てくださり、ありがとうございました。
>
> 当該プロジェクトの際に制作し納品しましたイラストについて、当方のWebサイトにて実績として公開したいと考えておりますがいかがでしょうか。

ご発注いただいた際にこの点について明確にしていなかったことから、念のためクライアント様のご意向を確認してからと思い、ご連絡差し上げております。なお、公開にあたりクライアント様のお名前を出すかどうか等、ご希望があれば合わせてお知らせいただければ幸いです。

お忙しいこととは存じますが、ご検討のほどよろしくお願いいたします。

（2）　クライアントに実績公開の許可をお願いしたところ拒否された場合

受発注の際、実績公開ができるともできないとも取決めをしていなかった場合で、かつ、成果物の著作権をワーカーが保持しているケースでは実績公開をしても法的な責任を負うことは通常ないと考えられます。法的には著作権を有している者であればその成果物を自由に使えるのが原則だからです。

とはいえ、クライアントの中には著作権の知識を持ち合わせておらず、納品された成果物を使う権利はクライアントだけにあると考えているケースも考えられます。クライアントの許可なくワーカーが実績公開してしまうとクライアントとの間でトラブルに発展する可能性が高いためおすすめはできません。事前の許可を得ていないケースで実績公開に踏み切るのは検討してからにすべきでしょう。

そのまま使える文例つき！
受注・契約・トラブル対応が
まるっとわかる

クラウドワーカーの強化書　令和5年4月20日　初版発行

〒101-0032
東京都千代田区岩本町1丁目2番19号
https://www.horei.co.jp/

検印省略

著　者	谷　　　直　樹
発 行 者	青　木　健　次
編 集 者	岩　倉　春　光
印 刷 所	日本制作センター
製 本 所	国　宝　　社

（営 業）　TEL　03-6858-6967　　Eメール　syuppan@horei.co.jp
（通 販）　TEL　03-6858-6966　　Eメール　book.order@horei.co.jp
（編 集）　FAX　03-6858-6957　　Eメール　tankoubon@horei.co.jp

（オンラインショップ）https://www.horei.co.jp/iec/
（お 詫 び と 訂 正）https://www.horei.co.jp/book/owabi.shtml
（書 籍 の 追 加 情 報）https://www.horei.co.jp/book/osirasebook.shtml

※万一、本書の内容に誤記等が判明した場合には、上記「お詫びと訂正」に最新情報
　を掲載しております。ホームページに掲載されていない内容につきましては、
　FAXまたはEメールで編集までお問合せください。